D0731777

Au menu des 65 ans et plus

Édition : Liette Mercier
Design graphique : Ann-Sophie Caouette
Infographie : Johanne Lemay
Traitement des images : Johanne Lemay
Révision : Jocelyne Dorion
Correction : Odile Dallaserra et Sylvie Massariol
Photos des recettes : Tango
Styliste culinaire : Michael Linnington

Données de catalogage disponibles auprès de Bibliothèque
et Archives nationales du Québec

DISTRIBUTEURS EXCLUSIFS :

Pour le Canada et les États-Unis :
MESSAGERIES ADP inc.*
2315, rue de la Province
Longueuil, Québec J4G 1G4
Téléphone : 450-640-1237
Télécopieur : 450-674-6237
Internet : www.messageries-adp.com
* filiale du Groupe Sogides inc.,
  filiale de Québecor Média inc.

Pour la France et les autres pays :
INTERFORUM editis
Immeuble Paryseine, 3, allée de la Seine
94854 Ivry CEDEX
Téléphone : 33 (0) 1 49 59 11 56/91
Télécopieur : 33 (0) 1 49 59 11 33
Service commandes France Métropolitaine
Téléphone : 33 (0) 2 38 32 71 00
Télécopieur : 33 (0) 2 38 32 71 28
Internet : www.interforum.fr
Service commandes Export – DOM-TOM
Télécopieur : 33 (0) 2 38 32 78 86
Internet : www.interforum.fr
Courriel : cdes-export@interforum.fr

Pour la Suisse :
INTERFORUM editis SUISSE
Route André Piller 33A, 1762 Givisiez – Suisse
Téléphone : 41 (0) 26 460 80 60
Télécopieur : 41 (0) 26 460 80 68
Internet : www.interforumsuisse.ch
Courriel : office@interforumsuisse.ch
Distributeur : OLF S.A.
ZI. 3, Corminboeuf
Route André Piller 33A, 1762 Givisiez – Suisse
Commandes :
Téléphone : 41 (0) 26 467 53 33
Télécopieur : 41 (0) 26 467 54 66
Internet : www.olf.ch
Courriel : information@olf.ch

Pour la Belgique et le Luxembourg :
INTERFORUM BENELUX S.A.
Fond Jean-Pâques, 6
B-1348 Louvain-La-Neuve
Téléphone : 32 (0) 10 42 03 20
Télécopieur : 32 (0) 10 41 20 24
Internet : www.interforum.be
Courriel : info@interforum.be

03-16

Imprimé au Canada

© 2016, Les Éditions de l'Homme,
division du Groupe Sogides inc.,
filiale de Québecor Média inc.
(Montréal, Québec)

Tous droits réservés

Dépôt légal : 2016
Bibliothèque et Archives nationales du Québec

ISBN 978-2-7619-4019-1

Gouvernement du Québec – Programme de crédit d'impôt
pour l'édition de livres – Gestion SODEC – www.sodec.
gouv.qc.ca

L'Éditeur bénéficie du soutien de la Société de développement des entreprises culturelles du Québec pour son

Conseil des Arts   Canada Council
du Canada   for the Arts

Nous remercions le Conseil des Arts du Canada de l'aide
accordée à notre programme de publication.

Nous reconnaissons l'aide financière du gouvernement du
Canada par l'entremise du Fonds du livre du Canada pour
nos activités d'édition.

LOUISE LAMBERT-LAGACÉ *et* JOSÉE THIBODEAU

nutritionnistes

Au menu des 65 ans et plus

LES ÉDITIONS DE
L'HOMME

Une société de Québecor Média

*À Maurice, qui entame joyeusement
son quatre-vingt-cinquième printemps*

À Jacqueline, toujours si motivée à bien manger

INTRODUCTION

Ce livre s'adresse aux personnes de ma génération, les 65 ans et plus, hommes et femmes. Mon désir de partager mes connaissances et mes réflexions sur la nutrition, ses nouveautés et ses mythes, ne s'éteint pas. Je suis allergique à la retraite...

J'admets que mon objectif n'est pas de lutter contre le vieillissement, puisque vieillir veut dire vivre plus longtemps. Personne ne peut freiner l'addition des années, mais nous avons tous quelques options pour améliorer notre qualité de vie. L'alimentation adaptée à notre âge fait partie des outils à notre portée.

Je demeure convaincue que certains aliments favorisent la santé, tandis que d'autres lui nuisent. La science de la nutrition continue d'offrir de meilleures réponses à d'anciens problèmes. Les aliments les plus sains demeurent nos meilleurs alliés.

Louise Lambert-Lagacé

Chapitre 1

Pourquoi manger un peu différemment à partir de 65 ans

J'entends souvent dire qu'il est normal de moins man-
ger lorsqu'on vieillit. J'entends aussi que les papilles gustatives s'étei-
gnent avec les années. Je fais la sourde oreille devant de tels propos
parce qu'ils ne reflètent pas la réalité. Par ailleurs, il y a lieu de repenser
son alimentation lorsqu'on avance en âge et d'y apporter quelques ajus-
tements nutritionnels appropriés.

Des erreurs alimentaires, si minimes soient-elles, ne passent plus ina-
perçues lorsque les années s'additionnent. Les carences en protéines, en
fibres, en vitamines et en minéraux laissent des traces qui peuvent miner
l'énergie, réduire la force musculaire, diminuer la résistance à l'infection,
ralentir la récupération, et j'en passe. Et malheureusement, de telles carences ne sont pas rares.

La bonne nouvelle est qu'il n'est jamais trop tard pour corriger de petites
erreurs alimentaires et optimiser son état de santé. Mon expérience clinique
m'a permis de vérifier les bénéfices de modifications alimentaires auprès de
personnes en perte de vitesse ou aux prises avec une maladie chronique.

Qu'on ait 65, 75 ou 85 ans, il est toujours avantageux de mieux manger
pour améliorer sa qualité de vie, et la route pour y arriver n'est pas si
compliquée.

VIEILLISSEMENT OU INFLAMMATION SILENCIEUSE ?

Autrefois, il y avait moins de têtes blanches dans la société et moins de recherches sur la question du vieillissement. Aujourd'hui, il y a beaucoup de personnes âgées, mais le prolongement de la vie à tout prix n'est plus un objectif si les années additionnelles riment avec maladie et mal-être.

Les scientifiques ne se basent pas sur l'année de naissance, les cheveux blancs ou les rides pour évaluer l'état de santé d'une personne âgée. Ils définissent le vieillissement à l'aide de nouveaux marqueurs qui révèlent le degré d'inflammation de nos tissus.

L'inflammation est une réaction normale de l'organisme, un mécanisme de défense face à une agression causée par une infection, un stress, un environnement toxique, un excès de poids ou une alimentation déficiente. Ainsi, pour combattre une foule d'agresseurs qui surviennent au cours d'une vie, de petites réactions inflammatoires s'installent et finissent par grignoter nos tissus sains et accélérer le processus de vieillissement.

Certains scientifiques utilisent même le terme *inflammaging*, ou **inflammation silencieuse**[1], pour parler de vieillissement. Plus il y a d'inflammation, plus l'organisme vieillit. Cette nouvelle façon de voir et les analyses qui s'y rattachent permettent de mesurer en profondeur l'effet des différents agresseurs sur l'ensemble des processus du vieillissement.

À LA RECHERCHE D'UN MENU QUI RIME AVEC LONGÉVITÉ ?

Qui n'a pas rêvé d'une jeunesse éternelle, d'une énergie sans faille, d'un esprit vif jusqu'à 100 ans et plus? Je fais partie de ceux et celles qui rêvent… et qui aimeraient prolonger leur vie en pleine forme le plus longtemps possible. Les pistes de solution envisageant l'alimentation comme facteur de longévité sont peu nombreuses, car la majorité des recherches s'est attardée au traitement de maladies qui écourtent la vie.

---

1. Les termes en gras soulignés sont définis dans un glossaire placé à la fin de cet ouvrage.

Quelques exceptions à la règle valent la peine d'être soulignées. Parmi celles-ci, certains ont vérifié les mérites d'une sous-alimentation à long terme, c'est-à-dire une réduction importante de l'apport calorique quotidien. D'autres ont voulu cerner les habitudes alimentaires des Japonais des îles d'Okinawa à cause du nombre record de centenaires en forme habitant ces îles. La **diète méditerranéenne**, quant à elle, a déjà démontré plusieurs effets bénéfiques dans la population en général ; elle fait actuellement l'objet d'une vaste étude européenne appelée NU-AGE, qui vise à vérifier les effets de ce régime auprès des personnes âgées.

Attardons-nous un peu à chacune de ces approches.

Une réduction des calories pour vivre plus longtemps

Il y a plus de 70 ans, le Dr Roy Walford, de l'Université de Californie à Los Angeles, fut l'un des premiers chercheurs à tester l'effet d'une diète sur la longévité. En diminuant de moitié la ration quotidienne de calories des souris et des rats de son laboratoire, il pouvait retarder l'apparition de maladies associées au vieillissement et même doubler leur espérance de vie.

Cette constatation a piqué la curiosité de chercheurs travaillant dans d'autres labos. Certains ont pu observer qu'une restriction draconienne de calories pouvait prolonger la vie des vers de terre, des mouches drosophiles, des araignées, des poissons, des souris et possiblement de certains singes. Ils ont par ailleurs noté que cette réduction de calories augmentait l'agressivité des animaux, pouvait nuire à la reproduction et même mener à la stérilité. Dans tous les cas, on ne parle pas d'une restriction temporaire comparable à celle d'un régime sévère suivi pendant 6 à 24 mois, mais d'une quasi-famine pour la vie instaurée dès le jeune âge.

Plus récemment, chez des singes rhésus, une restriction importante de calories imposée pendant 25 ans a décalé la manifestation de problèmes cardiovasculaires, mais n'a pas accru l'espérance de vie. Chez les humains, une réduction aussi importante de calories sans **malnutrition** peut retarder l'apparition de **troubles métaboliques** associés au vieillissement, mais elle demeure difficile à intégrer à long terme. Une telle restriction s'accompagne d'une maigreur importante, d'une faible tolérance au froid, d'une sensation de faim quasi omniprésente, d'un manque de coussinets de gras aux articulations et d'une perte de force musculaire. Elle présente plus de risques et d'inconforts que de bénéfices.

Le régime Okinawa

Okinawa est un archipel japonais regroupant des îles dont la population jouit d'une longévité exceptionnelle. On y dénombre un nombre record de centenaires, soit plus de 30 centenaires pour 100 000 habitants. (Au Canada, nous avons 17,4 centenaires pour 100 000 habitants.) Ces centenaires et supercentenaires (le terme désigne les personnes ayant dépassé 110 ans) ont une santé physique et mentale au-dessus de la moyenne pour leur âge. Ils ont moins de problèmes cardiaques, moins de cancers et moins d'excès de poids que chez nous. Voilà pourquoi gérontologues et nutritionnistes ont pris le chemin du Japon pour tenter de comprendre le contexte de la longévité des Okinawiens. Ces experts ont observé le style de vie et le régime alimentaire de ces personnes. Ils ont constaté que leur alimentation renfermait peu de gras et moins de calories qu'une alimentation nord-américaine.

Parmi les aliments les plus consommés se trouvent le riz, le soya, les poissons et fruits de mer et une quantité importante de légumes variés et à peine cuits. Volaille et œufs sont consommés, mais peu souvent. Les aliments sont répartis sur plusieurs petits repas; ils sont frais, mangés crus ou à peine cuits. Les Okinawiens boivent du thé, évitent l'alcool et arrêtent de manger avant d'être complètement rassasiés...

Tout ne se joue pas dans leur assiette puisque leur style de vie contraste avec le nôtre. De fait, ces Okinawiens travaillent physiquement jusqu'à un âge avancé, pratiquent le tai-chi et prennent la vie du bon côté, dit-on.

Les habitudes alimentaires des Okinawiens constituent un modèle intéressant sur le plan nutritionnel, mais difficile à exporter chez nous.

La grande contribution des végétaux demeure toutefois une des clés gagnantes de ce régime et peut sans doute inspirer nos choix alimentaires.

Diète méditerranéenne et prolongement de la qualité de vie

La diète méditerranéenne a fait ses preuves en ce qui concerne la prévention des maladies cardiovasculaires, mais son effet sur le vieillissement et les troubles ou désordres métaboliques qui s'y rattachent demeure inconnu. Pour creuser le dossier, des chercheurs de l'Université de Bologne, en Italie, ont émis l'hypothèse que l'inflammation associée au vieillissement n'est pas irrémédiable et qu'elle peut être contrebalancée par une alimentation appropriée. Ils ont lancé un projet exceptionnel baptisé NU-AGE et ont fait appel à des nutritionnistes, des biogérontologues, des immunologues et des biologistes moléculaires de 17 pays européens pour répondre à la question: l'alimentation peut-elle contrer ou ralentir le processus de vieillissement, y compris le déclin cognitif, la perte de masse musculaire, le déclin de l'immunité, le développement de maladies cardiovasculaires et digestives, la diminution de la densité minérale osseuse?

Inutile de vous cacher que je me suis rendue à Bologne, en octobre 2014, pour rencontrer les leaders de cette recherche fascinante. J'ai constaté l'ampleur des éléments qui seront vérifiés, y compris les effets de l'alimentation sur le microbiote, autrefois appelé «flore intestinale», ou encore l'effet de la déshydratation ou d'une déficience en fer sur la démence.

Les chercheurs suivront à la trace 1250 volontaires de 65 à 80 ans de 5 régions d'Europe et auront des réponses d'ici à 5 ans. Ce projet est le premier à relier de saines habitudes alimentaires à la qualité de vie et à la santé optimale chez des personnes âgées autonomes.

QUE SAVONS-NOUS DES HABITUDES ALIMENTAIRES DES PERSONNES ÂGÉES ?

La population des 65 ans préoccupe plus que jamais les gouvernants, et pour cause. Notre longévité record suscite à la fois l'admiration et l'inquiétude, car elle s'accompagne souvent de problèmes de santé qui coûtent cher à l'État. Pour conserver notre qualité de vie et maintenir une belle autonomie, pour éviter les complications de certaines maladies chroniques, tout le monde convient qu'il est possible et bénéfique d'améliorer certaines habitudes, dont les habitudes alimentaires. C'est dans cet esprit que plusieurs recherches ont été menées pour cerner les forces et les faiblesses du menu actuel des personnes âgées afin de concevoir des outils pour améliorer la situation, s'il y a lieu.

Sans lancer de cri d'alarme, nous verrons dans les pages qui suivent un portrait de la situation alimentaire actuelle des personnes âgées de 65 ans et plus vivant à domicile. Une vaste enquête pancanadienne menée en 2008-2009 auprès de 15 699 personnes âgées de 65 ans et plus a permis de mettre en évidence certains éléments (voir l'encadré page suivante).

Chaque bouchée compte

Plus on avance en âge, plus on devient vulnérable sur le plan nutritionnel. S'alimenter correctement à 85 ans peut devenir plus difficile qu'à 65 ans, surtout lorsque surviennent des changements dans l'environnement familial ou social – deuil, solitude, déménagement, maladie, perte d'amis. Lorsque l'appétit diminue, les portions diminuent, le nombre de repas diminue et les risques de carences augmentent.

Ne jamais oublier que chaque bouchée compte et que plus elles sont variées, plus elles travaillent pour la santé. Ainsi, lorsque les meilleurs aliments sont au rendez-vous à chaque repas ou collation, les risques de carences diminuent. Ces meilleurs aliments nourrissent votre force musculaire, votre système immunitaire et votre énergie.

QUELQUES HABITUDES ALIMENTAIRES DES QUÉBÉCOIS ET QUÉBÉCOISES ÂGÉS DE 65 ANS ET PLUS

- L'objectif santé des cinq portions de fruits et légumes par jour est rarement atteint. La consommation quotidienne de fruits et légumes fait défaut chez une forte majorité de personnes âgées.
- De façon générale, l'appétit est au rendez-vous, sauf chez une minorité de femmes de 75 ans et plus. L'appétit semble meilleur lorsque le repas est pris avec d'autres personnes.
- Sauter des repas fréquemment ou presque tous les jours est une mauvaise habitude chez près de 10 % des aînés, ce qui perturbe l'équilibre nutritionnel.
- La préparation des repas demeure une tâche agréable pour la majorité des 65 ans et plus, les femmes ayant plus de plaisir à cuisiner que les hommes. Ce plaisir a toutefois tendance à diminuer avec les années…
- Plus de femmes âgées que d'hommes du même âge ne comblent pas leurs besoins nutritionnels. Le risque de carences est également plus élevé chez les personnes vivant seules.
- Chez les plus de 75 ans, 1 Québécois sur 10 a besoin d'aide pour faire l'épicerie. Lorsqu'il peut faire l'épicerie, il améliore la qualité de son alimentation.

À vous, maintenant, de puiser dans les pages qui suivent les informations et les suggestions qui peuvent corriger certaines lacunes de votre menu et améliorer votre alimentation.

Chapitre 2

La question du poids après 65 ans

La question du poids fait couler beaucoup d'encre, mais rarement à notre avantage. Notre poids augmente lentement au cours des années, puis semble atteindre un plateau avant l'âge de 65 ans. Selon les dernières statistiques de l'Institut de santé publique du Québec, le poids de la grande majorité des aînés se situe dans des normes acceptables ou dans les limites de l'embonpoint. Par contre, l'obésité et la maigreur touchent environ 26 % des personnes âgées. Même s'il y a 10 fois plus d'obèses que de personnes maigres, la maigreur, tout comme l'obésité, nuit à la santé et à la longévité. La minceur n'est pas un objectif.

Si vous regardez autour de vous, vous avez sûrement noté que la silhouette de vos amis et de vos connaissances a changé avec les années. Même si votre poids est demeuré quasiment stable sur le pèse-personne depuis 40 ans, ce qui n'arrive pas souvent..., la composition interne de votre corps a changé. Le poids des muscles et des os a graduellement diminué, alors que les réserves de gras ont augmenté. La silhouette épaissit... et les vêtements deviennent trop serrés à la ceinture.

La première consolation est de savoir qu'il s'agit de changements normaux. La deuxième consolation est de savoir que l'activité physique régulière peut changer la situation : elle peut ralentir le processus de pertes musculaire et osseuse tout en réduisant le tour de taille de quelques centimètres.

AVOIR UN POIDS SANTÉ, EST-CE TOUJOURS L'OBJECTIF?

Le concept de « poids santé » permet d'évaluer le poids associé à une santé optimale chez les jeunes adultes – je répète : *chez les jeunes adultes*. Or cette mesure est mal adaptée aux personnes âgées, car elle évalue mal la redistribution interne du tissu gras. Elle ne tient pas compte d'une masse musculaire diminuée et de la perte de quelques centimètres de hauteur. Donc les chiffres qu'on associe à un poids santé pour un jeune adulte ne représentent plus un poids santé pour une personne âgée. Plusieurs experts considèrent maintenant qu'un poids qui correspond à l'embonpoint[2] chez un jeune adulte devient acceptable après 65 ans. Mais attention : le fait d'être un peu plus enrobé ne donne pas le feu vert pour manger n'importe quoi...

Que penser du tour de taille?

La mesure du tour de taille semble plus utile que le calcul du poids santé après 65 ans. Cette mesure, que l'on obtient à l'aide d'un ruban à mesurer juste au-dessus du nombril, donne des indications plus précises de la situation. Elle permet d'évaluer l'importance du tissu gras qui s'accumule sous la ceinture. Et, lorsque le surplus de tissu gras dépasse certaines limites, il joue de mauvais tours : il augmente les risques d'hypertension, de diabète et de troubles cardiovasculaires. La zone de danger est atteinte lorsque le tour de taille dépasse 88 centimètres (35 pouces) chez la femme et 102 centimètres (40 pouces) chez l'homme. Plus on s'éloigne de cette limite, plus les risques sont élevés. Ces mesures sont ajustées de façon ponctuelle pour tenir compte des plus récentes découvertes en matière de santé.

UNE PERTE DE POIDS EST-ELLE TOUJOURS DÉSIRABLE?

Si votre tour de taille dépasse légèrement les normes acceptables, mais que vous ne présentez aucun problème de santé, nul besoin de travailler à perdre du poids. Vaut mieux augmenter votre activité physique régulière

---

2. Un indice de masse corporelle (IMC) de 25 à 29.

et faire de meilleurs choix alimentaires. Ces bons changements peuvent même vous faire perdre quelques kilos et quelques centimètres de tour de taille sans effets secondaires!

Si, par contre, votre tour de taille dépasse largement les normes acceptables, si vous avez une maladie cardiovasculaire, que vous souffrez de diabète, d'hypertension ou de problèmes articulaires, une perte de poids modérée obtenue sur une période de plusieurs mois peut vous aider. Cette perte favorisera un meilleur équilibre de la **glycémie**, une baisse de la pression artérielle et une amélioration de votre qualité de vie. Lorsque je parle de perte de poids modérée, je suggère une perte de 5 à 10% de votre poids actuel; ainsi, si vous pesez 91 kilos (200 livres), une perte de 4,5 à 9 kilos (10 à 20 livres) sur 4 à 6 mois correspond à l'objectif souhaité. Le plus grand défi, dans toute cette démarche, est de maintenir vos nouvelles habitudes pour conserver les effets bénéfiques.

À GARDER EN MÉMOIRE

Une perte de poids ne correspond pas seulement à une perte de gras, mais s'accompagne toujours d'une perte de masse musculaire et d'une perte osseuse. Plus la perte de poids est appréciable, plus importantes sont les autres pertes, qui nuisent à la santé et qui deviennent quasi irréversibles à un âge plus avancé.

QU'EST-CE QU'UNE PERTE DE POIDS NON SOUHAITABLE?

Certaines pertes de poids sont nettement indésirables! Par exemple, une perte *involontaire* de 5 kilos (environ 10 livres) en 6 mois devient un signal d'alarme auquel vous devez réagir rapidement. Ce genre de perte peut passer inaperçu, mais les conséquences sont particulièrement fâcheuses si vous êtes mince au départ. Pourquoi? Parce qu'une telle perte de poids entraîne une perte musculaire, une plus grande vulnérabilité aux chutes et aux fractures, un état de faiblesse et une moins grande résistance aux infections. Lorsque la jupe ou le pantalon deviennent trop grands sans explication, il est temps d'y voir et d'ajuster son menu. La première chose à faire est d'essayer de comprendre la cause de cette perte de poids.

QUELQUES QUESTIONS À SE POSER

- À quel moment la jupe ou le pantalon sont-ils apparus trop grands?
- Avez-vous changé d'environnement, quitté votre maison ou votre appartement?
- Avez-vous peu ou pas d'appétit presque tout le temps?
- Avez-vous un problème dentaire qui n'existait pas il y a 6 mois?
- Avez-vous séjourné à l'hôpital récemment?
- Avez-vous des nausées dues à un médicament?
- Êtes-vous en deuil d'un être cher?
- Vous sentez-vous déprimé?
- Avez-vous perdu le goût de cuisiner?
- Avez-vous suivi un régime trop sévère, par exemple sans gluten ni produits laitiers?

Vous pouvez faire cet «examen de conscience» avec l'aide de votre conjoint, d'un bon ami ou d'une bonne amie, de votre médecin ou d'un autre professionnel de la santé. Une fois la cause cernée, on choisit la bonne stratégie.

COMMENT REPRENDRE DES KILOS PERDUS INVOLONTAIREMENT ?

Une fois connue la cause de la perte de poids, l'important est d'ajouter des calories à votre menu de la façon qui vous convient le mieux. Je me souviens d'une vieille tante qui buvait quelques gorgées de Cinzano 15 minutes avant le repas pour se mettre en appétit. Chacun sa méthode...

STRATÉGIES POUR AJOUTER DES CALORIES À VOTRE MENU

- Favorisez des aliments qui vous font vraiment plaisir.
- Demandez à vos enfants ou à une amie de cuisiner quelques bons plats.
- Optez pour la crème glacée au dessert ou en collation.
- Ajoutez un filet d'huile d'olive ou une noisette de beurre sur vos légumes après cuisson.
- Oubliez certaines restrictions côté sel, gras, sucre.
- Ajoutez un carré de chocolat noir ou un bon biscuit à la fin du repas.
- Invitez un ami ou une amie ou bien un membre de la famille à manger avec vous.
- Sollicitez des invitations... pour manger à l'extérieur.
- Faites livrer un repas tout fait, qui stimule l'appétit.
- Regardez quelques émissions de cuisine à la télé.
- Feuilletez des revues de jolies recettes.

Vous pouvez aussi boire de 100 à 125 ml (de 3 à 4 oz) d'une boisson super-nutritive deux fois pas jour, entre les repas, et de cette façon ajouter sans souci environ 350 calories à votre journée. Pesez-vous une fois par semaine et tenez compte du progrès. Sachez qu'il est parfois plus difficile de prendre du poids que d'en perdre. Persévérez !

SUGGESTIONS D'ALIMENTS QUI APPORTENT PLUS DE CALORIES

FRUITS	Fruits séchés, banane, mangue, compote de fruits, nectar de fruits, avocat, olive
LÉGUMES	Pois vert, panais, maïs, patate douce, pomme de terre
PRODUITS CÉRÉALIERS	Gaufre, crêpe, muffin, craquelin, bagel de grains entiers et sésame, croissant, pain aux raisins, pain aux noix, pain au fromage, aux olives et aux tomates séchées, granola, barres tendres
LAIT ET SUBSTITUTS	Fromage, crème, lait au chocolat, lait entier, crème sure, vraie crème glacée, yogourt glacé, yogourt à 9 % de gras et aux fruits
VIANDES ET SUBSTITUTS	Thon à l'huile, saumon, maquereau, sardine, foie, cuisse de poulet, bœuf, porc, agneau, noix, graines, beurre d'arachides, œuf
SUCRES ET MATIÈRES GRASSES	Huile, vinaigrette, mayonnaise, pesto, sauces, miel, sirop d'érable

Menus enrichis

Voici quelques exemples de changements à apporter à votre menu afin d'augmenter l'apport de calories. Le menu de la colonne de droite vous propose des repas plus riches en calories.

MENU RÉGULIER	MENU ENRICHI
Déjeuner	
Bol de céréales type flocons de maïs avec lait écrémé	**Bol de céréales type granola avec amandes, dattes**
Café noir	**Lait entier (3,25 %)**
	Bol de café au lait entier
Collation	
1 clémentine	**½ bagel avec beurre d'arachides**
Dîner	
Bouillon de légumes	**Crème de légumes**
Sandwich grillé au fromage	**Quiche au fromage**
Biscuits secs	**Galette avoine et raisin**
Café, thé ou tisane	**Lait entier ou bol de café au lait entier**
Collation	
Raisins frais	**Raisins avec cubes de cheddar**
Souper	
Poitrine de poulet grillé	**Poitrine de poulet sauce crémeuse**
Salade verte avec vinaigrette légère	**Haricots verts sautés à l'huile d'olive**
Quelques craquelins	**Riz persillé**
1 pomme en quartiers	**Bol de compote de pommes**
Collation	
250 ml (1 tasse) de lait écrémé	**Boisson nutritive du commerce (Ensure, Boost) ou *smoothie* fait maison avec lait entier, fruits et <u>yogourt grec</u> ou <u>tofu</u>**

Chapitre 3

L'importance
des protéines

Je suis de plus en plus convaincue qu'il est impossible de «bien vieillir» sans surveiller de près sa dose de protéines à chaque repas. Mon travail clinique me permet d'observer de sérieuses lacunes à ce chapitre chez plusieurs personnes âgées.

Presque systématiquement, il me faut corriger des repas du matin et du midi pauvres en protéines.

Je m'inquiète de la popularité de certains repas sans viande, des repas de pâtes ou de grosses salades, car ils ne fournissent pas la bonne quantité de protéines. La popularité du végétarisme me réjouit, mais je rencontre peu de nouveaux végétariens suffisamment conscients de l'importance des protéines, qu'elles soient d'origine animale ou végétale. Je considère que les protéines demeurent une des clés du mieux manger et du mieux vieillir, et chaque repas doit en apporter une quantité adéquate.

LES BESOINS EN PROTÉINES AUGMENTENT-ILS AVEC L'ÂGE?

Chose étonnante pour certains, les besoins en protéines augmentent lorsqu'on vieillit. De fait, nos besoins sont plus élevés à 65 ans qu'à 40 ans. Oublions donc l'idée qu'une personne âgée doit moins manger, moins manger de protéines en particulier!

Avec le vieillissement, on parle d'entretien et de réparation des tissus, et ce sont les protéines qui entretiennent et réparent tous nos tissus usés par la vie. En d'autres mots, les protéines favorisent concrètement le processus du bien vieillir.

Que font vraiment les protéines ?

Les protéines jouent plusieurs rôles très importants :

- elles ont la capacité de ralentir les pertes de ce qu'on appelle les « tissus nobles » (les os et les muscles) ;
- elles retardent la perte de masse musculaire ;
- elles maintiennent la matrice osseuse et permettent une meilleure rétention du calcium ;
- elles contrebalancent certains effets néfastes associés aux maladies chroniques.

Bref, elles accomplissent ce qu'aucun autre élément nutritif ne peut effectuer.

En prime, les protéines stabilisent le niveau d'énergie et procurent de la satiété. Qui dit énergie dit goût de faire des choses. Qui dit satiété dit appétit comblé et moins de rages de sucre. Toutefois, les protéines ne sont pleinement performantes que lorsqu'elles sont consommées à chaque repas.

L'EXCEPTION À LA RÈGLE

La seule personne âgée qui ne peut suivre cette règle est celle qui souffre d'une insuffisance rénale sévère et suivie médicalement. Cette personne doit donc limiter sa consommation de protéines à chaque repas au lieu de l'augmenter.

QUELLES SONT LES MEILLEURES SOURCES DE PROTÉINES ?

Plusieurs aliments renferment des protéines, mais tous n'ont pas la même capacité de réparer les tissus, ce qui constitue le premier objectif des 65 ans et plus. Les protéines les plus performantes se trouvent dans les aliments d'origine animale, comme la viande, la volaille, le gibier, le poisson, les fruits de mer, les œufs, le lait, le yogourt et le fromage. Les protéines du soya, une plante de la famille des **légumineuses**, sont d'une qualité équivalente à celles que contient la viande, mais elles constituent une exception à la règle puisqu'elles sont d'origine végétale.

Les autres légumineuses (pois chiches, lentilles, pois cassés, haricots rouges ou noirs), les noix, les graines et certaines algues, comme la spiruline, renferment des protéines qui ne sont pas aussi performantes que les protéines du soya ou d'origine animale. Elles peuvent soutenir l'énergie et réparer les tissus lorsqu'elles travaillent en équipe. Nous reviendrons sur ce sujet un peu plus loin, quand nous aborderons les repas sans viande.

Quant aux grains entiers, tels le blé complet, l'**épeautre**, le **Kamut**, le millet, le **quinoa**, le sarrasin, l'orge mondé, le riz complet, les pâtes de blé ou encore l'**amarante**, ils contiennent un peu de protéines, mais celles-ci n'ont pas la capacité de réparer les tissus. Il en va de même du seitan, un produit dérivé du blé.

Menus pauvres en protéines et menus adéquats

Voici quelques changements au menu qui permettent d'augmenter l'apport de protéines (voir le tableau page suivante). La colonne de droite vous propose une version améliorée de déjeuners, dîners et soupers courants. Les aliments en *italique* contribuent à augmenter l'apport de protéines.

MENUS PAUVRES EN PROTÉINES	MENUS ADÉQUATS EN PROTÉINES
	Déjeuner
Jus d'orange	**Jus d'orange**
Bol de gruau	*Yogourt grec, amandes* **et granola**
Café, thé ou tisane	**Café au** *lait*
	Ou
2 rôties, beurre et confiture	**2 rôties,** *beurre d'arachides*
Café, thé ou tisane	**Verre de** *lait* **ou café au** *lait*
	Dîner
Salade verte	**Salade de verdures servie avec**
Sandwich grillé au fromage	*poulet, thon pâle* **ou** *saumon*
Biscuits secs	**1 orange**
Café, thé ou tisane	**Café, thé ou tisane**
	Ou
Soupe aux légumes	**Soupe aux** *lentilles*
Sandwich au jambon	**Craquelins de blé entier et** *fromage*
1 pomme	**1 pomme**
Café, thé ou tisane	**Café, thé ou tisane**
	Souper
Spaghetti sauce tomate	**Spaghetti sauce à la** *viande* **ou aux** *lentilles*
Salade verte	**Salade verte avec** *parmesan*
Salade de fruits	**Compote de pommes**
Tisane ou eau	**Tisane ou eau**
	Ou
Pâté impérial aux légumes	*Poulet, noix de cajou* **et légumes sautés au wok**
Riz frit aux légumes et au poulet	**Riz brun**
Thé ou tisane	*Yogourt*
	Thé ou tisane

EST-IL PLUS NUISIBLE DE MANQUER DE PROTÉINES QUE D'EN MANGER TROP ?

Un apport insuffisant de protéines à un seul repas peut passer presque inaperçu ; on pourra ressentir une baisse d'énergie et un petit creux en fin d'après-midi, par exemple. Ce manque est aussi susceptible de creuser l'appétit de façon exagérée pour le prochain repas.

En revanche, un apport insuffisant de protéines qui se répète jour après jour a des conséquences plus graves, car le processus de vieillissement des muscles et des os est alors accéléré. En effet, si, avec les années, le corps subit une perte graduelle normale de la masse musculaire, celle-ci diminue plus rapidement lorsque les protéines manquent. Cette diminution, en s'aggravant, s'accompagne d'un déclin de la force musculaire, et l'on parle alors de **sarcopénie**. S'ensuit une détérioration de l'état physique général, qui se traduit par une augmentation des risques de chutes, une incapacité progressive à effectuer des gestes quotidiens et, peu à peu, une perte d'autonomie.

À la différence du manque chronique de protéines, les risques associés à une consommation excessive de ce nutriment sont limités, sauf pour une personne atteinte d'une insuffisance rénale sévère. Cela dit, toute consommation excessive d'un seul type d'aliments déséquilibre le reste du menu et trop de protéines pourrait entraîner une carence en vitamines ou en fibres alimentaires. Par exemple, un repas qui renferme surtout de la viande, du poisson ou du fromage et très peu de légumes s'éloigne de l'équilibre souhaité.

En résumé, il vaut mieux manger un peu plus qu'un peu moins de protéines à chaque repas.

À QUEL MOMENT DE LA JOURNÉE FAUT-IL MANGER DES PROTÉINES ?

Les protéines, piliers du bien vieillir, doivent faire partie de chaque repas en quantité suffisante pour réparer efficacement la masse musculaire. Les chercheurs l'ont vérifié : les muscles se détériorent lentement en période de jeûne (plusieurs heures sans manger) et se réparent après chaque repas riche en protéines. De fait, la masse musculaire est vraiment gagnante lorsque les protéines sont réparties sur au moins trois repas.

Il ne suffit donc pas d'avaler un repas riche en protéines par jour pour protéger sa masse musculaire. La consigne est d'ingérer de 20 à 30 g de protéines par repas pour limiter la perte de masse musculaire. Mais attention, de 20 à 30 g de protéines ne sont pas synonymes de 20 à 30 g de poulet ou de poisson !

ALIMENTS QUI RENFERMENT 20 GRAMMES DE PROTÉINES

QUANTITÉ	ALIMENT
100 g (3 ½ oz)	Viande rouge, cuite
100 g (3 ½ oz)	Poulet ou dinde, cuit
100 g (3 ½ oz)	Poisson frais, congelé ou en conserve, cuit
100 g (3 ½ oz)	Fruits de mer (crevettes, pétoncles, crabe, homard), cuits
175 g (¾ tasse)	Yogourt grec nature
175 g (¾ tasse)	Cottage ou ricotta
140 g (5 oz)	Tofu ferme
340 g (1 ⅓ tasse)	Légumineuses cuites (pois chiches, haricots rouges)
155 g (1 tasse)	Edamames (fèves de soya vertes), cuits
85 g (½ tasse)	Haricots de soya secs, cuits ou rôtis
65 g (4 c. à soupe)	Beurre d'arachides
60 g (4 c. à soupe)	Graines de citrouille
24 g (4 c. à soupe)	Protéines de petit-lait en poudre (*whey proteins*)

QUATRE EXEMPLES DE COMBINAISON GAGNANTE EN PROTÉINES

2 œufs	+	30 g (1 oz) de fromage **ou** 3 c. à soupe de poudre de lait écrémé
120 g (½ tasse) de légumineuses	+	125 g (½ tasse) de yogourt grec **ou** 30 g (1 oz) de viande, volaille, poisson
250 ml (1 tasse) de lait	+	2 c. à soupe de beurre d'arachides **ou** 2 c. à soupe de protéines de petit-lait (*whey proteins*)
125 g (½ tasse) de yogourt grec	+	2 c. à soupe de fèves de soya grillées **ou** 250 ml (1 tasse) de boisson de soya

ALIMENTS QUI NE RENFERMENT PAS DE PROTÉINES OU QUI EN RENFERMENT PEU

- Les laits d'amande, de riz et de noix de coco
- Le pain, les pâtes, le riz et les céréales
- Les légumes et les fruits

COMMENT VÉRIFIER LA QUANTITÉ DES PROTÉINES SUR UNE ÉTIQUETTE?

En consultant le tableau de la valeur nutritive sur l'emballage d'un aliment, vérifiez d'abord la grosseur de la portion qui est indiquée tout en haut du tableau. Vérifiez ensuite la teneur en protéines donnée à la 10e ligne.

L'exemple ci-dessous indique qu'une portion 175 g de yogourt régulier (environ ¾ tasse) fournit 8 g de protéines. Si vous mangez moins que la portion indiquée sur le tableau, vous calculez la quantité de protéines en conséquence. Ainsi, 100 g de ce yogourt (environ ½ tasse) fournissent presque 5 g de protéines.

Valeur nutritive

par 175 g

Teneur	% valeur quotidienne
Calories 130	
Lipides 0,5 g	1 %
saturés 0,3 g + trans 0 g	2 %
Cholestérol 4 mg	
Sodium 125 mg	5 %
Glucides 26 g	8 %
Fibres 0 g	0 %
Sucres 26 g	
Protéines 8 g	
Vitamine A 8 %	Vitamine C 4 %
Calcium 25 %	Fer 0 %

FAUT-IL OUI OU NON OUBLIER LA VIANDE ROUGE?

Les viandes rouges continuent de faire l'objet de sérieuses critiques dans le monde de la santé. Même si le bœuf, le veau ou l'agneau renferment de bonnes quantités de protéines, de fer, de zinc et de vitamine B_{12}, ces viandes rouges ont aussi un contenu plus élevé de gras et de **gras saturé** que la volaille et le gibier. Certaines études relient parfois la consommation fréquente de viandes grasses et de charcuteries au cancer colorectal. D'autres associent l'excès de viande rouge à des risques de maladies cardiovasculaires, car certaines composantes de la viande sont susceptibles de modifier la composition de la microflore intestinale. Cette question sera traitée plus en profondeur au chapitre 4.

Les méthodes de cuisson à haute température préoccupent également. La friture et la cuisson au barbecue favorisent la formation de substances chimiques qui contribuent à l'inflammation et peuvent accroître les risques de cancer. La présence importante d'agents de conservation et de gras trans dans certaines charcuteries soulève aussi un questionnement certain.

La viande rouge cuite sagement peut faire partie du menu équilibré quelques fois par semaine sans nuire à la santé. Par ailleurs, il n'est pas obligatoire d'en manger pour corriger un manque de fer ou pour être en forme. Rares sont les aliments irremplaçables!

À RETENIR

- La consommation fréquente de grosses portions (plus de 200 g – 7 oz) de viande rouge n'est pas souhaitable.
- La cuisson des viandes à haute température n'est pas non plus souhaitable.
- Les charcuteries pauvres en protéines et riches en additifs ne constituent pas un choix santé.

Protéines et fibres au menu

Boulettes de viande au four
Fèves vertes et carottes en salade tiède
Pain de blé entier
Poire et quelques amandes grillées

BOULETTES DE VIANDE AU FOUR

Rendement : 4 douzaines de petites boulettes
Temps de préparation : 10 minutes
Temps de cuisson : 25 à 30 minutes
Une portion : 4 boulettes

2 œufs frais
80 ml (⅓ tasse) de lait
120 g (4 oz) de mie de pain de blé entier (environ 4 tranches)
1 c. à café de sel
1 kg (2 ¼ lb) de bœuf (ou veau) haché maigre

1. Dans un bol, mélanger tous les ingrédients. Façonner en petites boulettes.

2. Déposer les boulettes sur une plaque à biscuits. Cuire à 190 °C (375 °F), de 25 à 30 minutes.

3. Refroidir et réfrigérer ou congeler jusqu'au moment de servir.

ASTUCE J'aime cette recette parce que la cuisson se fait au four sans ajout de gras et aussi parce qu'elle permet de faire de petites réserves au congélateur. Vous pouvez préparer en quelques minutes un plat complet en ajoutant trois ou quatre boulettes de viande à une sauce tomate ou dans une soupe-repas.

VALEUR NUTRITIVE POUR UNE PORTION DE LA RECETTE	
Calories	233
Protéines	20 g
Glucides	8 g
Fibres	2 g
Gras total	14 g
Bonne source de fer.	

UN REPAS SANS VIANDE PEUT-IL BIEN NOURRIR?

Un repas sans viande peut bien nourrir à une seule condition : il doit fournir autant de protéines qu'un repas avec viande, volaille ou poisson. Ne comptez pas sur la grosse salade de légumes, les pâtes gratinées ou la soupe minestrone du commerce, car ces plats ne font pas l'affaire! N'oubliez jamais que les protéines demeurent une des clés de votre bien-être.

Les trois options qui suivent, soit les repas de transition, <u>lacto-ovo-végétarien</u> et <u>végétalien</u>, vous procurent plus de fibres, plus d'<u>antioxydants</u>, plus de magnésium et plus d'acide folique que le simple repas de viande. Elles vous permettent la plupart du temps de limiter les gras saturés. De plus, si l'aliment-vedette de vos repas sans viande demeure les légumineuses ou le soya, vous récoltez une bonne quantité de fer, autre élément qui aide à maintenir une belle énergie.

Les repas donnés en exemple fournissent de 20 à 30 g de protéines. Les aliments en *italique* constituent les bonnes sources de protéines. Si vous n'avez jamais tenté l'expérience, allez-y graduellement et à votre rythme. Vous aurez du plaisir à découvrir de nouveaux plats, de nouvelles saveurs.

OPTION 1 : LE REPAS DE TRANSITION

Associez aux protéines végétales une petite quantité de poisson, de fruits de mer ou même de volaille pour ne pas prendre le risque de manquer de protéines.

Exemples de repas :

- Salade de *thon* et *haricots rouges*
- Casserole de *poulet, pois chiches,* brocoli et *sésame* grillé
- Sauté *crevettes/tofu* et légumes
- *Chili con carne* (*haricots rouges* et viande)

OPTION 2 : LE REPAS LACTO-OVO-VÉGÉTARIEN

Associez aux protéines végétales du lait, du fromage, du yogourt ou des œufs.

Exemples de repas :

- *Smoothie* aux petits fruits et graines de lin avec *tofu, yogourt grec* ou *protéines de petit-lait (whey proteins)*
- Granola avec *amandes*, banane et *yogourt grec*
- Assiette de fruits ou de crudités avec *edamames* et *fromage cottage*
- *Omelette* ou *quiche* aux asperges et *fromage*
- Cannelloni à la *ricotta* et aux épinards, sauce aux *lentilles*
- Poivrons et courgettes farcis aux *haricots* et gratinés avec du *fromage*

OPTION 3 : LE REPAS VÉGÉTALIEN

Planifiez le repas avec des aliments exclusivement d'origine végétale, mais riches en protéines, comme les légumineuses, les fèves de soya et le tofu.

Exemples de repas :

- Soupe aux *lentilles* et *fromage de soya*
- Salade de quinoa, légumes et *edamames*
- Chili aux *haricots rouges et noirs* avec *boisson de soya*
- Cari de *tofu* à l'indienne et haricots verts au *sésame*
- Sauce à spaghetti aux *lentilles*
- Sauté de *tofu*, *noix de cajou* et légumes à l'orientale

Le soya peut-il apporter des bénéfices?

Le soya n'est pas une légumineuse comme les autres. Cette fève a une valeur nutritive unique puisqu'elle contient des protéines qui rivalisent de qualité avec celles de la viande. Aucun autre aliment d'origine végétale ne peut en offrir autant. De fait, les plus grands consommateurs de soya et de tofu au monde habitent l'archipel d'Okinawa, au Japon, et détiennent des records de longévité.

Toutefois, la teneur en phytoestrogènes du soya a provoqué beaucoup de confusion et d'inquiétude, en particulier en ce qui a trait au cancer du sein. Oublions les rumeurs et regardons les faits.

AVANTAGES QUE PRÉSENTE LA CONSOMMATION DE SOYA

- Le soya consommé en début de vie et à l'adolescence réduit de 50 % les risques de cancer du sein.
- Le soya consommé à l'âge adulte n'augmente pas les risques de cancer du sein, mais il ne protège pas les adultes de cette maladie comme il le fait en début de vie et à l'adolescence.
- Le soya peut faire partie de l'alimentation d'une femme qui a eu un cancer du sein selon les experts de l'American Institute for Cancer Research.
- Le soya favorise une baisse du taux de cholestérol sanguin lorsqu'il prend la place d'aliments plus riches en gras saturés.
- Le soya représente la meilleure source de protéines dans une alimentation végétarienne.
- La boisson de soya renferme 6 fois plus de protéines que la boisson d'amande ou de riz.
- Les edamames, ou fèves de soya vertes, sont sans contredit les légumineuses les plus savoureuses qui soient et ils ne prennent que quatre minutes à cuire.
- Les fèves de soya rôties peuvent devenir une grignotine de choix parce que plus riches en protéines et moins riches en calories que les noix.

Chapitre 4

La santé passe par le côlon

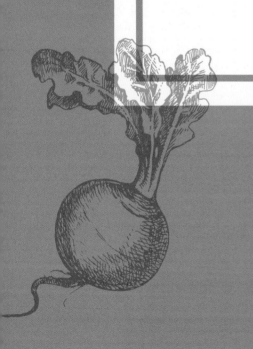

Je m'intéresse depuis près de 15 ans au monde des bactéries qui habitent notre tube digestif, notre côlon en particulier, et je m'émerveille face aux découvertes dans ce domaine. Lors de mes études en diététique et nutrition, il y a plus d'un demi-siècle, on ne soupçonnait pas l'importance de ces bactéries et on effleurait la question de la flore intestinale. Aujourd'hui, on désigne les 100 000 milliards de bactéries qui vivent dans notre appareil digestif sous le nom de **microbiote** (ou microflore intestinale) et celui-ci fait l'objet d'une tonne de recherches fascinantes.

Cette armée de bactéries est maintenant considérée comme un organe à part entière. Le dialogue qui s'effectue entre les bactéries du microbiote et les cellules du corps humain influe sur plusieurs maladies, voire sur l'obésité et le diabète. Le professeur Dusko Ehrlich, sommité dans le domaine et chercheur à l'Institut national de la recherche agronomique (INRA) de France, souligne que «plus notre capital de bactéries intestinales est diversifié, meilleure est notre santé».

Parmi les 100 000 milliards de bactéries qui logent dans notre tube digestif et qui y travaillent 24 heures sur 24, on dénombre de 160 à 200 espèces différentes dont la répartition est unique à chaque individu. Notre microbiote est en quelque sorte une carte de visite modulée selon nos habitudes alimentaires tout au long de notre vie. Il permet d'ouvrir la porte à une médecine personnalisée et préventive.

La bonne nouvelle est qu'il est possible d'améliorer notre microbiote par l'alimentation et de maintenir une plus grande diversité de bactéries.

À QUOI SERT LE MICROBIOTE ?

Le microbiote, cette armée de bactéries qui loge principalement dans le côlon, est l'agent de liaison par excellence entre les aliments qui traversent le tube digestif et le monde interne des cellules. C'est l'interface qui protège la paroi de l'intestin contre le passage de bactéries pathogènes. C'est le partenaire actif du tube digestif qui permet la conversion de certains aliments en substances utiles.

Une microflore intestinale pleinement fonctionnelle remplit plusieurs rôles :

- elle favorise la production de la vitamine B_{12} ;
- elle assure la production de la vitamine K, essentielle à la coagulation du sang ;
- elle facilite la dégradation et l'utilisation des fibres alimentaires et d'autres **glucides** non digérés par les enzymes digestives ;
- elle favorise la production de substances anti-inflammatoires et de sources d'énergie ;
- elle maintient à la fois l'intégrité et la perméabilité de la muqueuse intestinale ;
- elle contrôle et stimule le système immunitaire.

Le microbiote est donc un organe d'une importance capitale pour le maintien de la santé.

QUELS SONT LES ÉLÉMENTS QUI NUISENT À LA MICROFLORE INTESTINALE ?

Une microflore intestinale appauvrie a perdu une partie de son capital en bactéries utiles et favorables à la santé. Ce problème peut survenir :

- lorsque le menu manque de variété ;
- lorsque l'apport en diverses fibres alimentaires fait défaut ;
- à la suite d'un usage répété d'antibiotiques ;
- à l'occasion d'une inflammation chronique associée au vieillissement.

Cette perte de diversité bactérienne nuit au maintien d'un état de santé maximal. De fait, elle augmente les risques de diabète, d'obésité, de maladies cardiovasculaires et de **troubles hépatiques**. Un tel dérèglement peut même entraîner des réactions dans d'autres parties de l'organisme et être à l'origine, par exemple, de **troubles cognitifs**, de dépression et de **maladies auto-immunes**. Ces affections sont lourdes de conséquences; c'est pourquoi il importe de veiller à préserver la variété des bactéries qui composent notre microbiote.

QUE SE PASSE-T-IL DANS LE MICROBIOTE D'UNE PERSONNE ÂGÉE?

La diversité microbienne s'appauvrit lorsqu'on avance en âge, mais cet appauvrissement ne se produit pas du jour au lendemain. Tout se fait progressivement et le phénomène n'est pas associé à un âge précis. Pour y voir plus clair, des chercheurs de l'Université de Bologne ont suivi trois groupes d'Italiens d'âges différents: jeunes adultes (de 25 à 40 ans), personnes âgées (de 63 à 76 ans) et centenaires. Le microbiote des personnes âgées était relativement comparable à celui des jeunes adultes, alors que celui des centenaires se démarquait nettement par une perte de bactéries utiles.

Une autre étude a été menée en Irlande auprès de 178 personnes réparties en 4 groupes et dont l'âge moyen était de 78 ans. Les participants du premier groupe vivaient à domicile, ceux du deuxième avaient été hospitalisés une seule journée, ceux du troisième groupe avaient été hospitalisés plus longtemps et ceux du quatrième vivaient en résidence depuis plus de six semaines. Aucune de ces personnes n'avait pris d'antibiotiques dans les 30 jours précédant l'étude. Les analyses ont révélé que les personnes vivant à domicile ou ayant été hospitalisées une seule journée avaient un microbiote plus diversifié, ce qui coïncidait avec une alimentation plus variée. L'âge n'était pas le facteur déterminant. Chez les participants plus fragiles ayant été hospitalisés plus longtemps ou vivant en résidence, on a noté un net appauvrissement du microbiote, ce qui était relié à une alimentation moins variée et à un niveau d'inflammation plus élevé.

L'étude NU-AGE, menée auprès de 1250 Européens âgés, évalue l'effet d'une diète méditerranéenne sur la diversité microbienne et d'autres paramètres de la santé. C'est un dossier à suivre !

QUELS ALIMENTS AUGMENTENT LA DIVERSITÉ DU MICROBIOTE ?

Une alimentation qui favorise la fermentation encourage par le fait même la diversité microbienne et l'action protectrice des bactéries intestinales. Les aliments propres à favoriser la fermentation sont riches en fibres alimentaires ; les fruits, les légumes, les grains entiers, les noix et les légumineuses en font partie.

Cependant, certaines habitudes alimentaires ne favorisent pas la fermentation. Ainsi, on a pu observer des changements importants dans la composition du microbiote après seulement cinq jours d'une alimentation excessivement riche en viande et en gras et pauvre en fibres alimentaires, celle-ci ayant entraîné la multiplication de bactéries susceptibles de provoquer des **maladies inflammatoires** de l'intestin.

Au cours du Sommet mondial sur le microbiote intestinal et la santé, tenu à Barcelone en mars 2015, Mary Ellen Sanders, grande experte dans le domaine, a livré quelques suggestions pour augmenter la diversité du microbiote.

**COMMENT AUGMENTER LA DIVERSITÉ
DU MICROBIOTE**

- Mangez plusieurs aliments différents.
- Consommez des aliments fermentés : **<u>miso</u>**, <u>kéfir</u>, yogourt, <u>kombucha</u> et <u>tempeh</u>.
- Mangez des fruits et des légumes crus (si vous pouvez les digérer).
- Consommez une quantité adéquate de différentes fibres, dont 2 ou 3 légumes et fruits par repas et quelques grains entiers et noix dans la journée.
- Recherchez des aliments qui renferment des <u>probiotiques</u> ou prenez-en sous forme de suppléments.
- Évitez de prendre des antibiotiques, sauf si vous en avez absolument besoin.
- Lavez vos mains avec de l'eau et du savon, mais évitez les désinfectants.
- Ayez un ou deux chiens… ou vivez dans une ferme !

QU'EST-CE QU'UN PROBIOTIQUE ?

Les **<u>probiotiques</u>** sont des bactéries vivantes qui, lorsqu'elles sont in-gérées régulièrement et en quantité suffisante, exercent une action bé-néfique sur la santé. Elles s'ajoutent à la mêlée des 100 000 milliards de bactéries déjà présentes dans le côlon et peuvent améliorer la diversité microbienne de façon temporaire ou permanente, selon votre consom-mation et votre condition physique.

Ces bactéries, fournies par un supplément ou un aliment enrichi en probiotiques, demeurent des visiteuses, car elles ne s'installent pas à demeure dans le côlon. Leur efficacité a été démontrée :

- dans la prévention et le traitement de la diarrhée associée à la prise d'antibiotiques ;
- dans la prévention des rechutes d'une infection à *C. difficile* ;
- dans le soulagement des malaises associés au **côlon irritable** ;
- dans la prévention des problèmes de constipation ;
- dans la prévention ou le traitement de la diarrhée du voyageur ;
- pour ralentir l'invasion de bactéries pathogènes chez les personnes âgées qui ont un microbiote appauvri.

QU'EST-CE QU'UN PRÉBIOTIQUE ?

Les **prébiotiques** font partie de la famille des fibres alimentaires et favorisent l'action des probiotiques et des bactéries du microbiote. L'inuline, par exemple, extraite de la racine de chicorée et vendue en sachet pour alléger la constipation, agit comme un prébiotique. Les artichauts, le blé entier, le seigle, les asperges, l'ail, les poireaux, les oignons, les bananes, les topinambours et les produits laitiers fermentés constituent d'autres bonnes sources de prébiotiques. De fait, les prébiotiques font partie d'une alimentation qui favorise la fermentation et la diversité microbienne souhaitée.

Pour cultiver cette diversité, il est donc nécessaire d'avoir un menu varié et de le compléter par des probiotiques et des prébiotiques, s'il y a lieu.

UN PROBIOTIQUE ALIMENTAIRE OU EN CAPSULE?

Les probiotiques alimentaires:

- se retrouvent principalement dans certains yogourts, le kéfir et certains jus de fruits enrichis de probiotiques;
- renferment habituellement des doses tournant autour d'un milliard de bactéries par portion;
- fournissent généralement une ou deux souches bactériennes (*Lactobacillus* et *Bifidobacterium*).

Ces probiotiques alimentaires complètent une saine alimentation et jouent un rôle préventif.

Certains probiotiques alimentaires plus concentrés en bactéries, aussi appelés «yogourts thérapeutiques», renferment des doses de 50 milliards de bactéries par portion. Ces probiotiques sont bénéfiques dans certaines situations: traitement par antibiotiques, diarrhée du voyageur ou infection à *C. difficile*.

Les probiotiques sous forme de capsules:

- renferment une ou plusieurs souches bactériennes;
- renferment de 1 à 50 milliards de bactéries par capsule.

Ces suppléments sont utiles dans des situations particulières: côlon irritable, constipation, faible résistance à l'infection, etc.

Il est sage de consulter un professionnel de la santé pour déterminer l'action thérapeutique désirée, car les effets bénéfiques peuvent varier d'un produit à un autre et d'une souche bactérienne à une autre.

Chapitre 5

Le pouvoir des fibres alimentaires

Ne sous-estimons pas le pouvoir des <u>fibres alimentaires</u>, car nous sommes perdants, même à 70 ans!

Les fibres peuvent régler les problèmes de constipation et soulager des malaises associés au côlon irritable. Mais là ne s'arrête pas leur pouvoir. Elles sont reconnues pour ralentir l'entrée du sucre dans le sang et favoriser une meilleure gestion de la glycémie. De plus, elles calment l'appétit en procurant une sensation de satiété. Certaines fibres ont même la capacité d'abaisser le taux de mauvais cholestérol.

Encore plus important, les fibres fermentent dans l'intestin et stimulent la production de substances anti-inflammatoires qui sont extrêmement utiles, car elles augmentent l'absorption des minéraux, inhibent la croissance de bactéries pathogènes et favorisent une plus grande perméabilité de la muqueuse intestinale. Autrement dit, notre état de santé dépend en grande partie du travail des fibres alimentaires sur l'intégrité de la muqueuse intestinale et de l'action de bactéries utiles... Hélas, plusieurs personnes âgées négligent les aliments riches en fibres alimentaires, selon un rapport de l'Institut national de santé publique du Québec, *La consommation alimentaire et les apports nutritionnels des adultes québécois* (2009).

OÙ TROUVE-T-ON DES FIBRES ALIMENTAIRES?

Les fibres alimentaires se trouvent exclusivement dans les végétaux: les céréales (avoine, blé, maïs, orge, riz, seigle) et les pseudocéréales (amarante, quinoa, sarrasin), les légumes, les fruits, les légumineuses, les noix et les graines. Il n'y a donc pas de fibres dans la viande, les produits laitiers ou tout autre aliment d'origine animale. De plus, les fibres sont presque totalement absentes des aliments raffinés comme le pain blanc, le riz blanc, les pâtes blanches et tout ce qui est cuisiné avec des farines blanches.

Contrairement aux protéines et à d'autres composantes d'un aliment, les fibres ne fournissent pas de calories, car elles ne traversent pas la paroi de l'intestin. Elles sont très actives pendant leur trajet dans le tube digestif, qui dure plusieurs heures, et sont éliminées dans les selles.

À noter que la cuisson altère le pouvoir des fibres. Plus la cuisson est longue, moins les fibres sont efficaces. Au restaurant, les fibres se font rares, sauf si vous commandez une salade verte et un fruit frais au dessert. De même, le pain complet et le riz brun ne sont pas souvent offerts.

Une seule source de fibres ou plusieurs?

Alimentation variée rime avec santé. Au chapitre des fibres alimentaires, ni les légumes ni les fruits ne peuvent fournir seuls tous les bénéfices que l'on peut retirer de l'ensemble des fibres alimentaires. Pourquoi? Parce que les grains entiers et les céréales de son ne renferment pas la même sorte de fibres que les légumes, les fruits ou les légumineuses. Chaque sorte de fibres joue un rôle spécifique dans le tube digestif. Plus le menu apporte différentes sortes de fibres, plus c'est avantageux.

Je reçois des patients qui ont des problèmes d'irrégularité intestinale alors qu'ils mangent sainement. L'évaluation de leur menu me révèle souvent une consommation adéquate de légumes et de fruits, mais une absence de grains entiers riches en fibres. L'ajout quotidien d'une céréale de son fait la différence. Ce n'est donc pas seulement la quantité totale de fibres qui compte, mais la variété.

QUELLE EST LA QUANTITÉ BÉNÉFIQUE DE FIBRES ?

Une fois de plus, il y a autant de réponses à cette question que d'experts !
La diète méditerranéenne, reconnue pour ses effets favorables à la santé,
fournit de 30 à 40 g de fibres alimentaires par jour. Pour ma part, je considère qu'un apport quotidien de 25 à 35 g peut faire une belle différence.
Vous pouvez atteindre cet objectif avec quelques aliments de base.

**ALIMENTS QUI ASSURENT UN APPORT QUOTIDIEN ADÉQUAT
DE FIBRES ALIMENTAIRES**

ALIMENTS	FIBRES (G)
3 tranches de pain de grains entiers	7,5
10 g (⅓ tasse) de céréales riches en fibres	10
2 fruits frais	6
3 portions de légumes, crus ou cuits	9
Total	**32**

Pour récolter tous les bénéfices des fibres, on ne peut pas se fier à
une seule source comme les légumes ou les fruits. Il est nécessaire de
consommer différentes fibres et, surtout, de ne pas négliger les fibres
provenant des céréales à grains entiers.

EXEMPLES D'UNE PORTION DE FIBRES

PRODUITS CÉRÉALIERS	• 1 tranche de pain de grains entiers • 95 g (½ tasse) de riz brun, d'orge mondé ou de quinoa, cuits • 15 à 20 g (½ à ¾ tasse) de céréales à déjeuner avec grains entiers
LÉGUMES	• 120 g (½ tasse) de légumes, cuits • 55 g (1 tasse) de verdures ou de salade
FRUITS	• 1 fruit frais • 55 g (½ tasse) de fruits en morceaux

Menus pauvres en fibres et menus adéquats

Voici quelques changements au menu qui permettent d'augmenter l'apport de fibres. La colonne de droite vous propose une version améliorée avec un menu qui renferme plus de 40 g de fibres. Les aliments en *italique* constituent de bonnes sources de fibres.

MENU PAUVRE EN FIBRES	MENU ADÉQUAT EN FIBRES
	Déjeuner
Jus d'orange	**1** *orange*
Bol de céréales de maïs (Corn Flakes) avec du lait	**Bol de** *céréales de son de blé* **et** *raisins secs,* **amandes avec du lait**
Café, thé ou tisane	**Café au lait**
	Collation
Lait au chocolat	**1** *poire*
	Dîner
Sandwich au poulet sur pain blanc	**Sandwich au poulet sur** *pain de blé entier*
8 tranches de concombre sans pelure	*Tomate* **et bocconcini en tranches**
Pouding au chocolat	*Compote de pommes et rhubarbe*
Café, thé ou tisane	**Café, thé ou tisane**
	Collation
Biscuits secs	*Amandes* **ou** *noix de Grenoble*
Eau, tisane	**Eau, tisane**
	Souper
Filet de saumon grillé avec riz blanc	**Filet de saumon grillé avec** *riz brun*
Poivron, sauce au beurre blanc	*Brocoli,* **salsa de** *mangue, avocat et tomate*
Gâteau blanc	*Raisins frais* **ou** *cantaloup*
Eau ou tisane	**Eau ou tisane**
	Collation
Biscuits soda	*½ pain pita de blé entier*
Morceau de fromage	**60 g (¼ tasse) d'***hoummos* **(tartinade de pois chiches)**

COMMENT INTÉGRER EN DOUCEUR DES FIBRES À SON ALIMENTATION?

Si vous n'êtes pas encore un «amateur de fibres», commencez en douceur et augmentez graduellement la quantité de fibres afin que votre tube digestif apprivoise les nouveaux aliments plus riches en fibres. Comment vous y prendre? Les options sont multiples. À vous de choisir parmi les suggestions qui suivent.

SUGGESTIONS POUR AUGMENTER LA QUANTITÉ DE FIBRES DANS VOTRE ALIMENTATION

- Adoptez des céréales à déjeuner qui renferment au moins 4 g de fibres par portion ou ajoutez à vos céréales favorites de 1 à 2 c. à soupe de son de blé ou d'une céréale «son et psyllium» ou encore des graines de lin moulues.
- Optez pour un pain de grains entiers qui renferme au moins 2 g de fibres par tranche.
- Remplacez le riz blanc par un riz brun basmati; remplacez les pâtes blanches par des pâtes de blé entier.
- Consommez un petit bol de crudités plutôt que des croustilles lorsque vous éprouvez une fringale.
- Remplacez le jus de fruits par un fruit frais.
- Ajoutez des noix (pacanes, noix de Grenoble) ou des graines (sésame, citrouille, tournesol) aux salades, aux plats de pâtes et aux sautés au wok.
- Ajoutez des légumineuses cuites (lentilles, pois chiches, haricots rouges) à une soupe aux légumes, une salade-repas ou un ragoût. Si vous utilisez des légumineuses en conserve, rincez-les avant de les incorporer aux autres ingrédients.

➤

- Remplacez au moins la moitié de la farine blanche par de la farine de blé entier dans les recettes.
- Savourez un beau fruit de saison à l'heure du dessert.
- Ajoutez quelques fruits séchés ou quelques noix hachées à un yogourt nature.
- Faites le plein, entre les repas, avec une poignée de noix, de graines ou de fèves de soya rôties.
- N'oubliez pas de lire les étiquettes afin de comparer la teneur en fibres des différents produits et privilégiez les meilleures sources de fibres.

Le tableau suivant vous indique par quoi vous pourriez remplacer certains aliments qui contiennent peu de fibres.

COMPARAISON DE LA TENEUR EN FIBRES DE CERTAINS ALIMENTS

ALIMENTS	FIBRES (G)
1 tranche de pain blanc	0,7
1 tranche de pain de grains entiers	2,5
1 bol de céréales Spécial K ou Corn Flakes	0,3 - 0,7
15 g (½ tasse) de céréales Fibre 1 ou All Bran Buds et Psyllium	13 à 17
1 sachet de gruau	2,6
160 g (1 tasse) de riz blanc, cuit	0,9
195 g (1 tasse) de riz brun, cuit	3,1
140 g (1 tasse) de spaghetti blanc, cuit	2,4
140 g (1 tasse) de spaghetti de blé entier, cuit	4,8
250 ml (1 tasse) de jus de pomme	0
1 pomme (avec pelure)	3

ALIMENTS (suite)	FIBRES (G)
250 ml (1 tasse) de jus d'orange frais	0,3
1 orange	2,4
250 ml (1 tasse) de jus de légumes	1,4
4 choux de Bruxelles, cuits	3
85 g (½ tasse) de pois verts congelés, cuits	3,7

COMMENT CHOISIR LE BON PAIN ET LA BONNE CÉRÉALE ?

Devant l'offre abondante de pains et de céréales, quelques minutes suffisent pour lire l'étiquette et vérifier la qualité des différents produits.

1. Consultez la liste d'ingrédients. Le premier ingrédient doit être un grain entier, par exemple *farine de blé entier* pour un pain ou *blé de grains entiers* pour une céréale. Le pain et la céréale faits de grains entiers demeurent les meilleurs choix.

2. Consultez le tableau de la valeur nutritive. Vérifiez la portion à la première ligne et la teneur en fibres à la 8e ligne.

3. Choisissez de préférence :
   - une céréale à déjeuner qui renferme au moins 4 g de fibres par portion ;
   - un pain qui renferme au moins 2 g de fibres par tranche.

Valeur nutritive

par 125 ml (87 g)

Teneur	% valeur quotidienne
Calories 80	
Lipides 0,5 g	1 %
saturés 0 g + trans 0 g	0 %
Cholestérol 0 mg	
Sodium 0 mg	0 %
Glucides 18 g	6 %
Fibres 2 g	8 %
Sucres 2 g	
Protéines 3 g	
Vitamine A 2 %	Vitamine C 10 %
Calcium 0 %	Fer 2 %

Chapitre 6

La définition d'un vrai repas

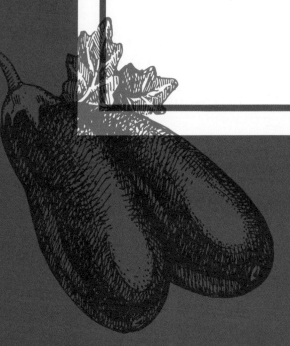

Vous savez maintenant que vos besoins en protéines augmentent avec les années et qu'ils sont plus élevés à 70 ans qu'à 40 ans. Vous avez pris connaissance des bienfaits d'un apport constant de fibres alimentaires variées. Pour respecter les deux grandes priorités d'une alimentation adaptée aux 65 ans et plus, le vrai repas comprend tout simplement deux types d'aliments: des aliments riches en protéines et des aliments riches en fibres alimentaires en quantité suffisante. Par exemple, une poitrine de poulet, une salade verte, un pain de grains entiers et un fruit.

Facile à retenir et simple à mettre en pratique!

POURQUOI DES ALIMENTS RICHES EN PROTÉINES ET DES ALIMENTS RICHES EN FIBRES À CHAQUE REPAS?

Ces deux familles d'aliments constituent les piliers de notre bon fonctionnement matin, midi et soir. Sans eux, le repas ne peut être aussi utile et équilibré.

On a vu que les aliments riches en protéines rassasient plus que les féculents ou les légumes, stabilisent le niveau d'énergie et préviennent les coups de pompe, en plus d'assurer l'entretien de tous nos tissus et leur réparation constante. On ne peut s'en passer si l'on veut conserver sa force et sa masse musculaires.

Si on néglige les différentes sources de fibres alimentaires, on met en péril la fermentation intestinale et on limite la production de substances anti-inflammatoires bénéfiques pour la santé en général.

Les experts le répètent: ces aliments agissent mieux lorsqu'ils sont répartis sur trois repas. Un seul gros repas dans la journée ne donne pas de résultats comparables.

QUELLE EST LA QUANTITÉ IDÉALE DE PROTÉINES ET DE FIBRES PAR REPAS ?

Vous n'avez pas besoin d'une calculatrice dans votre poche… Prenez simplement l'habitude de consommer, à chaque repas, un ou deux aliments riches en protéines ainsi qu'un ou deux aliments riches en fibres alimentaires.

À RETENIR

Voici deux indications toutes simples qui vous aideront à orienter vos choix et vos portions :

- au moins de 20 à 30 g de protéines par repas ;
- de 8 à 10 g de fibres par repas.

Où trouver au moins 20 g de protéines?

Comme nous l'avons vu, la viande, la volaille, les poissons, les fruits de mer, les légumineuses, les noix et les graines, les œufs, le fromage, le yogourt ainsi que le lait constituent les meilleures sources de protéines.

QUELQUES ALIMENTS QUI RENFERMENT ENVIRON 20 g DE PROTÉINES POUR LA PORTION INDIQUÉE

- 2 œufs + 45 g (1 ½ oz) de fromage
- 100 g (3 ½ oz) de viande, volaille, poisson ou fruits de mer cuits
- 140 g (5 oz) de tofu ferme
- 175 g (¾ tasse) de yogourt grec
- De 60 à 100 g (2 à 3 ½ oz) de fromage ferme
- 175 g (¾ tasse) de fromage cottage ou de ricotta
- 340 g (1 ⅓ tasse) de légumineuses cuites (lentilles, haricots secs, pois chiches)
- 200 g (1 ⅓ tasse) d'edamames (fèves de soya vertes) cuits
- 85 g (½ tasse) de haricots de soya secs, cuits ou rôtis
- 4 c. à soupe de protéines de petit-lait (*whey proteins*) en poudre

Où trouver environ 10 g de fibres alimentaires ?

Les fibres se trouvent dans les grains entiers, les pains et céréales à grains entiers, les noix et les graines, les légumineuses, les fruits et les légumes.

**QUELQUES ALIMENTS QUI PEUVENT AJOUTER
10 g DE FIBRES À UN REPAS**

- De 10 à 15 g (⅓ à ½ tasse) de céréales à haute teneur en fibres
- 15 g (½ tasse) de céréales à grains entiers + 1 c. à soupe de son d'avoine + petits fruits
- 1 tranche de pain de grains entiers + 240 g (1 tasse) de légumes cuits + 1 fruit frais
- 125 g (⅔ tasse) de légumineuses cuites + 60 g (½ tasse) de petits fruits
- 100 g (½ tasse) de riz brun + salade verte + 1 pomme
- 140 g (1 tasse) de pâtes 100 % grains entiers + salade verte + 30 g (¼ tasse) de noix
- 15 g (¼ tasse) de gruau + 60 g (½ tasse) de petits fruits + 1 c. à soupe de **graines de chia**.
- 480 g (2 tasses) de légumes cuits (brocoli, chou-fleur) + 1 c. à soupe de graines de lin

---

DES EXEMPLES DE VRAIS REPAS

Chaque repas apporte de 20 à 30 g de protéines et de 8 à 10 g de fibres.

MATIN
2 tranches de pain de blé entier grillé avec beurre d'arachides (2 c. à soupe)
Bol de petits fruits
Verre de lait ou café au lait

MIDI
Quelques crudités
Soupe costaude aux lentilles (200 g [1 tasse] de lentilles cuites)
Morceau de fromage à pâte ferme
Pain de grains entiers
Café ou infusion

SOIR
Salade verte, vinaigrette
Poitrine de poulet grillé
Riz brun aux herbes
Fruit frais et infusion

MATIN

Granola

Yogourt grec nature

Framboises

Café ou infusion

MIDI

Salade de quinoa aux petits légumes avec edamames et féta

Clémentine

Infusion ou thé vert

SOIR

Salade de verdures

Filet de poisson grillé

Riz brun aux amandes

Asperges

Infusion

MATIN
Pamplemousse rose (½) ou tranches d'orange
Omelette au fromage
Pain de blé entier grillé
Café ou infusion

MIDI
Filet de saumon poché
Salade d'endives, épinards, orange et poivron rouge
Pain entier (seigle, blé, multigrain)
Infusion ou thé vert

SOIR
Ragoût de bœuf et légumes cuits
Pomme de terre bouillie, sans la pelure
Mangue (½)
Infusion

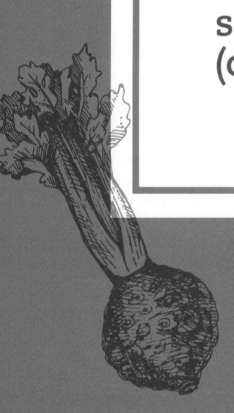

Chapitre 7

Bien manger sans cuisiner (ou presque!)

Il n'est pas nécessaire de passer des heures à la cuisine ou de connaître tous les trucs des plus grands chefs pour bien manger. Il est possible de préparer un repas sain et savoureux en quelques minutes ou presque, si vous avez quelques bons aliments sous la main. Souvenez-vous toutefois d'inclure à chaque repas les deux éléments indispensables à votre mieux-être, soit suffisamment de protéines et de fibres!

Ce chapitre vous propose plusieurs trucs et raccourcis pour vous encourager à cuisiner des aliments qu'il est avantageux d'inclure fréquemment à votre menu.

COMMENT MANGER DU POISSON PLUS SOUVENT?

Quelques minutes suffisent pour cuisiner de jolis plats de poisson frais, surgelé ou en conserve. Pour ma part, je trouve la préparation du poisson tellement plus simple et plus rapide que celle de la viande... De fait, mes meilleures recettes tournent autour du poisson, des fruits de mer et des mollusques. Rassurez-vous! Il n'est jamais trop tard pour apprendre à cuisiner cette excellente source de protéines et de gras **oméga-3** (Nous aborderons la question des oméga-3 au chapitre 9.)

Selon les experts du monde entier, deux repas de poisson gras par semaine suffisent pour récolter des bénéfices santé.

Le poisson frais

Si vous avez un bon poissonnier près de chez vous ou un comptoir bien garni de poissons frais au supermarché, n'hésitez pas. Allez-y pour du frais : filet de morue, de saumon ou de truite. La saveur est alors à son meilleur. Ne conservez pas le poisson plus de deux jours au frigo. Si vous n'avez pas le temps ni le goût de le cuisiner dans les deux jours, emballez correctement le morceau de poisson et conservez-le au congélateur. De cette façon, vous ne perdez rien.

QUELQUES POISSONS FRAIS EN FILETS OU EN DARNES OFFERTS SUR LE MARCHÉ

- Aiglefin
- Baudroie
- Goberge
- Mahi-mahi
- Maquereau
- Morue
- Saumon kéta
- Saumon rouge
- Sébaste
- Sole
- Thon
- Tilapia
- Truite
- Truite saumonée (omble de fontaine)
- Vivaneau

Le poisson en conserve

Faites de petites réserves de conserves de thon pâle, de mini-sardines, de saumon rose ou rouge ou même de filets de maquereau. Allez-y pour le thon à l'huile d'olive, tellement plus savoureux que celui conservé dans l'eau. De cette façon, vous aurez toujours sous la main un aliment riche en protéines, facile à préparer.

QUELQUES POISSONS EN CONSERVE OFFERTS SUR LE MARCHÉ

SAUMON	De l'Atlantique, kéta, sockeye, rose Sans peau, sans arêtes À faible teneur en sodium ou sans sel
THON PÂLE	Entier, en morceaux ou émietté Dans l'eau, le bouillon ou l'huile d'olive À faible teneur en sodium ou sans sel Assaisonné • ail et piment fort • aneth et citron • châtaignes d'eau et mayo • chili et thaï épicé • chipotle • citron et poivre • gingembre • pesto italien • piquant aux arachides • tomates et oignons • tomates séchées
SARDINES	Dans l'eau, le bouillon ou l'huile d'olive Entières, sans peau et sans arêtes ou en filet Assaisonnées • aneth et persil • basilic • citron • épicées • piments forts • sauce moutarde • sauce tomate

Le poisson surgelé

Faites de petites réserves de filets de poisson surgelés dans votre congéla-teur. Qu'il s'agisse de filets de morue, de saumon, de tilapia ou de sole, ceux-ci se préparent facilement et se cuisent congelés au four à 220 °C (425 °F), en comptant 20 minutes par 2,5 cm (1 po) d'épaisseur, en mesurant la partie la plus épaisse du poisson.

QUELQUES POISSONS SURGELÉS OFFERTS SUR LE MARCHÉ

- Aiglefin
- Flétan
- Goberge
- Morue
- Pangasius

- Saumon
- Sole
- Thon
- Vivaneau

Vous trouverez dans les pages suivantes des menus de repas complets ainsi que des recettes simples et savoureuses qui vous permettront d'in-tégrer le poisson à votre alimentation.

Protéines et fibres au menu

Salade d'épinards
Mon filet de truite minute
Purée de pommes de terre et carottes
Framboises

MON FILET DE TRUITE MINUTE

Rendement: 1 portion
Temps de préparation: 3 minutes
Temps de cuisson: 5 à 6 minutes

120 g (4 oz) de filet de truite avec la peau
2 c. à café de moutarde de Dijon
2 c. à café d'herbes fraîches (ciboulette ou persil), finement hachées
1 c. à café d'huile d'olive

1. Régler le four à *broil*.

2. Étendre le filet de truite, côté peau vers le fond, dans un plat en pyrex légèrement huilé.

3. Mélanger tous les autres ingrédients (moutarde, fines herbes et huile) et tartiner le filet avec ce mélange en le recouvrant complètement.

4. Mettre le plat à 15 cm (6 po) du gril et cuire de 5 à 6 minutes. Servir aussitôt.

ASTUCES Pour deux personnes, multipliez les ingrédients par deux. Si vous n'avez pas d'herbes fraîches, utilisez des oignons verts finement hachés.

**VALEUR NUTRITIVE
POUR UNE PORTION
DE LA RECETTE**

Calories	225
Protéines	26 g
Glucides	0 g
Fibres	0 g
Gras total	13 g

Source de bons gras.

Protéines et fibres au menu

Salade niçoise à votre façon
Pita de blé entier grillé
Raisins frais

SALADE NIÇOISE À VOTRE FAÇON

Rendement : 1 portion
Temps de préparation : 5 à 8 minutes

80 à 90 g (2,5 à 3 oz) de thon pâle dans l'huile d'olive,
   à égoutter ; réserver l'huile pour la vinaigrette
Petit lit de laitue ou de roquette
5 ou 6 asperges cuites ou haricots verts cuits (un reste)
1 œuf dur, coupé en deux
1 tomate coupée en petits morceaux ou 4 mini-tomates coupées en deux
Au goût, sel et poivre

1. Déposer le thon égoutté, les légumes et l'œuf dans une assiette, sur un lit de verdure.

2. Arroser le tout d'une vinaigrette préparée avec l'huile réservée de la boîte de thon.

3. Saler et poivrer, au goût.

4. Déguster avec un pita de blé entier grillé.

VALEUR NUTRITIVE
POUR UNE PORTION
DE LA RECETTE

Calories	265
Protéines	28 g
Glucides	8 g
Fibres	4 g
Gras total	14 g

Excellente source
de vitamine A, de
vitamine C et de fer.

Bonne source de
calcium.

Source de bons gras.

Protéines et fibres au menu

Crudités
Tartine de mini-sardines
Melon d'eau parsemé de menthe fraîche

TARTINE DE MINI-SARDINES

Rendement : 1 portion
Temps de préparation : 3 minutes

2 tranches de pain de grains entiers
2 c. à soupe d'hoummos (tartinade de pois chiches)
90 g (3 oz) de mini-sardines à l'huile d'olive, à égoutter
1 oignon vert, finement coupé

1. Tartiner chaque tranche de pain avec l'hoummos.

2. Étendre les mini-sardines sur le pain.

3. Parsemer les morceaux d'oignon vert sur les tartines.

4. Servir avec quelques crudités (mini-carottes, céleri ou mini-tomates, au choix).

VALEUR NUTRITIVE
POUR UNE PORTION
DE LA RECETTE

Calories	358
Protéines	26 g
Glucides	30 g
Fibres	6 g
Gras total	16 g

Excellente source de calcium et de fer.

Source de bons gras.

Protéines et fibres au menu
Salade de radis et oignon vert
Riz brun et thon à l'huile d'olive
Pomme et quelques dattes

RIZ BRUN ET THON À L'HUILE D'OLIVE

Rendement : 2 portions
Temps de préparation : 5 minutes
Temps de cuisson sur la cuisinière : 5 à 10 minutes

180 g (6 oz) de thon pâle à l'huile d'olive
1 petit oignon, finement coupé
200 g (1 tasse) de riz brun cuit ou de riz sauvage cuit
60 ml (¼ tasse) de bouillon de poulet

1. Égoutter le thon et verser une partie de l'huile dans une petite casserole.

2. Dorer l'oignon dans l'huile jusqu'à ce qu'il soit transparent.

3. Ajouter le riz cuit et le bouillon.

4. Ajouter le thon ; mélanger et réchauffer légèrement.

5. Servir avec une petite salade de radis et d'oignon vert et sa vinaigrette.

VALEUR NUTRITIVE POUR UNE PORTION DE LA RECETTE	
Calories	393
Protéines	26 g
Glucides	19 g
Fibres	1 g
Gras total	23 g
Source de bons gras.	

> Protéines et fibres au menu
> Salade verte ou bâtonnets de carotte
> **Croque-saumon gratiné**
> Poire en quartiers

CROQUE-SAUMON GRATINÉ

Rendement: 1 portion
Temps de préparation: 5 minutes
Temps de cuisson: 5 minutes

90 g (3 oz) de saumon rose en conserve
2 c. à café de mayonnaise
1 c. à soupe de poivron rouge coupé en dés
Quelques brins de ciboulette ou d'oignon vert, coupés finement
1 tranche de pain de grains entiers, grillé
1 c. à soupe de fromage râpé

1. Dans un petit bol, écraser le saumon et bien mélanger avec la mayonnaise, le poivron rouge et la ciboulette (ou l'oignon vert).

2. Tartiner le mélange sur le pain grillé et parsemer de fromage.

3. Passer à *broil* ou à la grillette quelques minutes, jusqu'à ce que le fromage soit gratiné.

4. Servir avec une petite salade verte ou quelques bâtonnets de carotte.

VARIANTES Utiliser un reste de saumon cuit, remplacer la tranche de pain par un morceau de baguette ou encore remplacer le fromage râpé par un morceau de brie, de camembert, de bleu ou de chèvre.

VALEUR NUTRITIVE POUR UNE PORTION DE LA RECETTE

Calories	298
Protéines	27 g
Glucides	15 g
Fibres	2,4 g
Gras total	15 g

Excellente source de calcium.

Source de bons gras.

Protéines et fibres au menu
Filet de morue au four
Pois verts et poireau vapeur
Pain de grains entiers
Orange en quartiers

FILET DE MORUE AU FOUR

Rendement: 1 portion
Temps de préparation: 3 minutes
Temps de cuisson: 15 à 20 minutes

125 g (4 oz) de filet de morue surgelé
Quelques tranches de tomate ou de citron
Quelques tranches d'oignon
Quelques pincées d'herbes de Provence ou de fines herbes fraîches
1 c. à café d'huile d'olive
Au goût, sel et poivre

1. Régler le four à 220 °C (425 °F). Verser quelques gouttes d'huile dans le fond d'un plat allant au four et y déposer le filet de poisson.

2. Mélanger les tranches de tomate (ou de citron) et d'oignon et les herbes de Provence (ou les fines herbes fraîches) et recouvrir le poisson avec le mélange.

3. Arroser d'un filet d'huile d'olive.

4. Cuire au four de 15 à 20 minutes, selon l'épaisseur du filet.

5. Servir avec des légumes verts vapeur, comme des pois verts et du poireau, et une tranche de pain de grains entiers.

6. Saler et poivrer, au besoin.

VARIANTE Garnir le poisson de poireau émincé, de yogourt nature et de thym ou encore de tranches d'orange, de pamplemousse ou de citron avec un peu de pistou.

VALEUR NUTRITIVE POUR UNE PORTION DE LA RECETTE	
Calories	197
Protéines	26 g
Glucides	2 g
Fibres	0 g
Gras total	9 g
Source de bons gras.	

Protéines et fibres au menu
Asperges vinaigrette
Saumon à l'orange, au gingembre et à la coriandre
Riz brun
Raisins frais

SAUMON À L'ORANGE, AU GINGEMBRE ET À LA CORIANDRE

Rendement : 2 portions
Temps de préparation : 10 minutes
Temps de cuisson : 20 minutes

250 g (9 oz) de saumon surgelé
1 c. à café de pâte de cari rouge
1 orange pelée et coupée en dés
1 pincée de gingembre moulu
1 bouquet de coriandre fraîche, hachée

1. Préchauffer le four à 220 °C (425° F). Déposer le saumon dans un plat allant au four tapissé de papier d'aluminium ou sulfurisé.

2. Tartiner le saumon avec la pâte de cari rouge, puis parsemer d'orange coupée en dés et saupoudrer de gingembre.

3. Cuire au four en calculant 20 minutes de cuisson par 2,5 cm (1 po) d'épaisseur du filet surgelé (10 minutes s'il est frais ou décongelé).

4. Garnir de coriandre fraîche et servir avec un riz brun et un légume vert.

VARIANTE La pâte de cari rouge est un mélange d'épices thaï que l'on trouve dans les boutiques asiatiques et dans la plupart des épiceries. Vous pouvez la remplacer par un peu d'huile d'olive, du gingembre moulu et de la poudre de cari. Le goût sera différent, mais le saumon, tout aussi savoureux.

VALEUR NUTRITIVE
POUR UNE PORTION
DE LA RECETTE

Calories	259
Protéines	25 g
Glucides	10 g
Fibres	2 g
Gras total	13 g

Excellente source de vitamine C et de potassium.

Source de bons gras.

POURQUOI MANGER PLUS DE LÉGUMES ?

Si vous les négligez, les légumes ne peuvent pas jouer leur rôle bénéfique pour votre cœur, vos artères, vos os et vos intestins. Il ne faudrait pas, comme certains le font, attendre un diagnostic de cancer pour en augmenter votre consommation. Faites le plein dès maintenant d'une foule de beaux légumes riches en substances antioxydantes qui ont démontré leur efficacité dans la réduction des problèmes d'hypertension, des maladies cardiaques et des **accidents vasculaires cérébraux** (AVC). Riches en magnésium, en potassium, ainsi qu'en vitamines C et K, les légumes protègent même contre les pertes osseuses.

Manque d'idée, de temps: toutes les raisons sont bonnes. Mais trouvons des solutions ! Voyons comment réserver une plus grande place aux légumes dans votre alimentation de tous les jours.

Les légumes frais

L'été et l'automne, l'abondance et la fraîcheur sont au rendez-vous. L'hiver et le printemps, les choses se passent différemment. Mais, grâce à d'immenses serres installées un peu partout au Québec, nous avons des tomates qui sentent la tomate du mois d'août 12 mois par année, des laitues qui ont l'air de sortir du jardin, des champignons exceptionnels, des endives à croquer comme des pommes, des poivrons de toutes les couleurs, des choux, choux-fleurs et choux de Bruxelles fermes et savoureux, des épinards très verts et croustillants.

Le marché nous offre aussi une grande famille de légumes-racines – entre autres carottes, panais et navets –, et j'oublie presque les asperges, l'aubergine, le fenouil, le brocoli, le céleri-rave et les courges. Et comment passer sous silence les oignons, l'ail et les oignons verts, fidèles agents de saveur dans presque tous les plats ?

À manger crus?

Le mot d'ordre devrait être «jamais sans ma crudité»... Quelques mini-carottes avec un sandwich, une salade verte avec les pâtes, une salade de chou avec le poulet grillé, une salade de carottes râpées avec une casserole de légumineuses, quelques bâtonnets de céleri avec la soupe, quelques mini-tomates nature ou en salsa avec le poisson, voilà le réflexe à développer. N'oubliez pas que, lorsque vous mangez un légume cru, vous récoltez la totalité des bienfaits nutritionnels de ce légume.

Si vous n'avez pas cette habitude, commencez par une crudité par semaine: bâtonnets de carotte, de navet ou de céleri, lanières de poivron rouge, jaune ou orange... Préparez-les d'avance; vous pouvez les conserver au frigo pendant une semaine, dans un contenant fermé ou un sac de légumes. Vous pouvez même en acheter à l'épicerie déjà prêts à manger.

ASTUCES

- Ajoutez à votre liste de marché une trempette genre hommos ou **tzatziki** au yogourt et décuplez le plaisir de manger vos crudités!
- À l'aide d'un robot culinaire, une salade de chou ou de carottes se prépare en quelques minutes. Si vous en faites quatre ou cinq portions, conservez les restes quelques jours au frigo.
- Les salades vertes se préparent à la dernière minute, mais la vinaigrette peut se faire à l'avance en plus grande quantité et se conserver au frigo.

Protéines et fibres au menu
Salade de carottes, de pomme et de gingembre
Filet de poisson au romarin
Craquelins de blé entier
Framboises et yogourt à la vanille

SALADE DE CAROTTES, DE POMME ET DE GINGEMBRE

Rendement : 2 à 3 portions
Temps de préparation : 5 minutes au robot culinaire ou 10 minutes avec une râpe
Conservation : 2 à 3 jours au frigo

4 ou 5 carottes bios, pelées et coupées en morceaux
1 pomme rouge, coupée en dés
1 c. à soupe de gingembre frais, pelé et râpé
1 pincée de persil frais, haché
2 à 3 c. à soupe de vinaigrette à l'huile d'olive et au vinaigre de vin

1. Râper finement les carottes au robot culinaire ou manuellement avec une râpe.

2. Dans un bol, mélanger les carottes finement râpées, la pomme coupée en dés, le gingembre râpé et le persil haché.

3. Arroser d'une bonne vinaigrette à l'huile d'olive et bien mélanger.

4. Servir avec un filet de poisson, du poulet froid ou chaud ou du <u>tofu soyeux</u> légèrement réchauffé.

5. Conserver les restes de salade au frigo dans un contenant hermétique.

ASTUCE Vous pouvez remplacer la pomme par des raisins secs ou des canneberges séchées. Si vous n'avez pas le goût ou la force de préparer cette salade vous-même, vous en trouverez déjà toute faite au comptoir traiteur du marché d'alimentation. Celle-ci sera moins fraîche que la vôtre, mais elle vous fournira quand même de bons éléments nutritifs.

VALEUR NUTRITIVE POUR UNE PORTION DE LA RECETTE	
Calories	173
Protéines	1 g
Glucides	13 g
Fibres	4 g
Gras total	14 g
Excellente source de vitamine A.	
Bonne source de potassium.	

Protéines et fibres au menu

Salade de chou vert, pomme et raisins rouges, vinaigrette crémeuse
Poitrine de poulet grillée
Clémentine

SALADE DE CHOU VERT, POMME ET RAISINS ROUGES, VINAIGRETTE CRÉMEUSE

Rendement: 2 à 3 portions
Temps de préparation: 10 minutes
Conservation: 2 à 3 jours au frigo

La salade

195 g (3 tasses) de chou vert ou
    de chou de Savoie, râpé finement,
    au robot ou au couteau
1 pomme lavée et taillée en dés
    avec la pelure
1 grappe de raisins rouges, passés
    sous l'eau et asséchés, coupés
    en deux
Au goût, sel et poivre

La vinaigrette crémeuse
(pour 3 ou 4 portions de salade)

60 ml (¼ tasse) de lait évaporé
60 ml (¼ tasse) d'huile d'olive
1 c. à soupe de jus de citron
½ c. à café de moutarde de Dijon
    au miel ou ordinaire

1. Dans un bol, bien mélanger chou râpé, pomme et raisins rouges. Saler et poivrer.

2. Au moment de servir, ajouter la vinaigrette crémeuse, bien mélanger et servir.

Vinaigrette crémeuse

3. Placer tous les ingrédients dans un bocal avec couvercle, fermer et agiter pour bien mélanger.

4. Verser quelques cuillerées sur la salade et bien mélanger.

5. Conserver le reste de la vinaigrette au frigo. Agiter avant d'utiliser.

VALEUR NUTRITIVE
POUR UNE PORTION
DE LA RECETTE

Calories	208
Protéines	6 g
Glucides	32 g
Fibres	6 g
Gras total	8 g

Excellente source de vitamine A, de vitamine C et de potassium.

Bonne source de calcium.

Source de bons gras.

Protéines et fibres au menu
Salsa de tomates fraîches
Brochette de poulet ou de bœuf
Craquelins de blé entier
Mangue

SALSA DE TOMATES FRAÎCHES

Rendement: 2 à 3 portions
Temps de préparation: 5 minutes
Conservation: 2 à 3 jours au frigo

2 tomates rouges, coupées en dés
2 oignons verts, finement hachés
125 ml (½ tasse) de mangue, coupée en dés
4 c. à café d'huile d'olive
2 c. à café de vinaigre balsamique
Au goût, coriandre, persil ou basilic frais, finement haché
Au goût, poivre

1. Dans un bol, bien mélanger tous les ingrédients.

2. Laisser macérer 15 minutes si possible.

3. Servir avec mâche, laitue ou roquette pour accompagner le poulet, le bœuf ou toute viande grillée ou encore le poisson.

VARIANTE Remplacer la mangue par de l'ananas coupé en dés.

VALEUR NUTRITIVE
POUR UNE PORTION
DE LA RECETTE

Calories	131
Protéines	1 g
Glucides	11 g
Fibres	2 g
Gras total	10 g

Bonne source de vitamine A, de vitamine C et de potassium.

Source de bons gras.

Des verdures pour tous les goûts

Le règne de la laitue iceberg tire à sa fin. La romaine, la frisée, la feuille de chêne, la roquette, la mâche et l'endive ont pris sa place au marché et dans le bol de salade. Et que dire des grands et bébés épinards, du chou frisé (*kale*) et de la bette à carde, les verdures les plus riches en fer et en magnésium, que l'on mange plutôt cuites que crues?

Si vous achetez vos verdures nature, vous devez les doucher pour en retirer les traces de terre ou de sable, puis les assécher à l'essoreuse quelques minutes avant de préparer votre salade. Si vous optez pour les verdures en sac prêtes à servir – cœurs de romaine, mélange printanier ou asiatique et autres –, celles-ci ne demandent qu'à être déposées dans le saladier en attendant la vinaigrette et quelques ajouts, si désirés.

Vous pouvez enjoliver vos salades de tranches de radis, d'amandes ou de graines de sésame grillées, de petits morceaux de pomme ou de poire. Si la salade grecque vous inspire, ajoutez à votre verdure des mini-tomates coupées en deux, du poivron vert ou rouge coupé finement et des cubes de féta. Vous pouvez même oser une salade tiède à base de chou rouge râpé, de pommes en petits cubes et de noix de Grenoble rôties.

Romaine

Frisée

Boston

Feuille de chêne

Roquette

Mâche

Endives

Chou frisé (*kale*)

Radicchio

> *Protéines et fibres au menu*
> **Salade d'endives, de poire et d'amandes**
> Thon en conserve et poivron sur pain de blé entier grillé
> Yogourt au café

SALADE D'ENDIVES, DE POIRE ET D'AMANDES

Rendement : 2 à 3 portions
Temps de préparation : 5 minutes

La vinaigrette

2 c. à soupe de yogourt nature
2 c. à café de jus de citron
1 c. à café d'huile de tournesol
1 petite échalote sèche, émincée
Au goû, sel et poivre

La salade

2 ou 3 endives, blanches ou rouges
1 poire
3 c. à soupe d'amandes grillées, grossièrement hachées
Au goût, sel et poivre
Au goût, persil frais ou ciboulette, finement coupé
Quelques feuilles de laitue ou brins de pousse

1. Dans un saladier, mélanger tous les ingrédients de la vinaigrette.

2. Retirer les feuilles externes et la base des endives, puis les couper en fines lanières.

3. Laver et peler la poire, en retirer le cœur, puis la couper en lanières.

4. Déposer les endives, la poire et les amandes dans le saladier. Saler et poivrer.

5. Remuer délicatement.

6. Parsemer de persil ou de ciboulette et décorer avec des feuilles de laitue ou des petites pousses.

VARIANTES Remplacer la poire par une pomme ou des mandarines, et les amandes par des noix de Grenoble. Ajouter du fromage comme le roquefort, le cheddar fort, le féta ou le gouda.

VALEUR NUTRITIVE POUR UNE PORTION DE LA RECETTE	
Calories	155
Protéines	5 g
Glucides	19 g
Fibres	6 g
Gras total	8 g
Bonne source de vitamine A.	
Source de potassium et de vitamine C.	

Des *smoothies* hyper-vitaminés

On les appelle aussi «boissons fouettées»: une mode à la fois amusante et nourrissante qui permet de camoufler des verdures vitaminées dans une boisson veloutée et de récolter à la fois plaisir et valeur nutritive. En prime, ces boissons fouettées se préparent en quelques minutes et se dégustent tout aussi rapidement!

INGRÉDIENTS DE BASE DES *SMOOTHIES*

- **Une bonne source de protéines:** yogourt grec, tofu soyeux, beurre d'arachides, noix moulues, protéines de petit-lait ou de soya en poudre.
- **Un mariage de fruits et de légumes:** banane et épinards, poires et chou frisé (*kale*), pomme et roquette, mangue et persil.
- **Un liquide:** lait de vache ou boisson de soya.
- **Une touche de saveur:** quelques gouttes de vanille, quelques feuilles de menthe ou de basilic, une pincée de muscade ou de cannelle.
- **Un peu d'oméga-3, optionnel:** graines de lin moulues ou graines de chia.

Protéines et fibres en collation
Boisson fouettée vitaminée

BOISSON FOUETTÉE VITAMINÉE

Rendement: 1 portion
Préparation: 5 minutes

15 g (½ tasse) de feuilles d'épinards, lavées, asséchées, bien tassées
½ pomme, coupée en morceaux avec la pelure
½ banane
120 g (½ tasse) de yogourt grec nature
125 ml (½ tasse) de lait
Quelques gouttes de vanille

1. Passer le tout au mélangeur.

2. Ajuster la texture en ajoutant du lait, au besoin.

3. Savourer immédiatement.

VARIANTES Remplacer les feuilles d'épinards par du chou frisé (*kale*) et la pomme par une poire. Ajouter des graines de chia ou de lin. Ajouter du tofu soyeux ou de la poudre de petit-lait pour plus de protéines.

**VALEUR NUTRITIVE
POUR UNE PORTION
DE LA RECETTE**

Calories	221
Protéines	18 g
Glucides	39 g
Fibres	5 g
Gras total	3 g

Excellente source de vitamine A et de calcium.

Bonne source de vitamine C et de potassium.

Les légumes cuits

Les légumes cuits deviennent les favoris (ou un excellent complément) lorsque, pour des raisons digestives ou buccales, il est difficile de les consommer crus. Ils méritent de faire partie de tous nos repas, ou presque! Ils conservent une bonne partie de leur valeur nutritionnelle lorsque la cuisson est rapide et n'exige que très peu d'eau (cuisson vapeur ou au micro-ondes). Ils se digèrent alors sans problème, ce qui n'est pas le cas lorsqu'ils sont sautés ou frits. Le mot d'ordre à adopter serait «un repas sans légume n'est pas un vrai repas», car les légumes apportent beaucoup d'éléments nutritifs sans alourdir.

La cuisson vapeur

Ce mode de cuisson demeure mon préféré, car il est facile à contrôler, préserve la forme du légume, sa texture et une bonne quantité des vitamines et minéraux qu'il contient. Vous pouvez utiliser une marguerite, une casserole avec passoire ou encore le panier à vapeur (panier de bambou utilisé en Asie). Pour ajouter du parfum, mettez dans l'eau du thym ou du romarin séchés ou placez des herbes fraîches, comme une branche de thym, sous les légumes à cuire. Réservez l'eau de cuisson pour cuire du riz ou allonger une soupe. Après la cuisson, arrosez les légumes de quelques gouttes de vinaigre balsamique, d'huile d'olive ou de jus de citron. Rien n'interdit de servir le légume vapeur avec une petite sauce à base de yogourt grec et d'oignon vert.

La cuisson au four

Ce type de cuisson donne aussi de savoureux résultats. Il suffit de tailler grossièrement des légumes en morceaux et de les enduire d'un mélange d'huile, de vinaigre balsamique et d'herbes ou d'épices. Étalez-les dans un grand plat en pyrex, puis faites-les cuire à 180 °C (350° F) 30 minutes ou plus, selon les indications de chaque recette.

Protéines et fibres au menu
Légumes du printemps cuits au four
Filet de porc à la moutarde
Riz brun pilaf
Cantaloup

LÉGUMES DU PRINTEMPS CUITS AU FOUR

Rendement : 2 à 3 portions
Temps de préparation : 5 à 10 minutes
Temps de cuisson : Environ 30 minutes

10 asperges fraîches, lavées et taillées en biseau
1 poivron, rouge ou jaune, épépiné et taillé en lanières
1 oignon, taillé en rondelles
1 gousse d'ail, finement hachée
2 c. à soupe d'huile d'olive
2 c. à café de thym frais, finement haché, ou 1 c. à café de thym séché

1. Préchauffer le four à 180 °C (350 °F).

2. Dans un grand plat en pyrex, mélanger tous les ingrédients.

3. Enfourner et cuire environ 30 minutes.

VALEUR NUTRITIVE
POUR UNE PORTION
DE LA RECETTE

Calories	176
Protéines	3 g
Glucides	12 g
Fibres	4 g
Gras total	14 g

Bonne source
de vitamine A.

Source de potassium
et de vitamine C.

Protéines et fibres au menu

Salade d'épinards et de poivrons
Frittata aux légumes du jour
Pita de blé entier grillé
Poire garnie de yogourt grec et de noix hachées

FRITTATA AUX LÉGUMES DU JOUR

Rendement : 2 à 3 portions
Temps de préparation : 15 minutes
Temps de cuisson : 6 à 8 minutes

1 c. à soupe d'huile d'olive
1 petit oignon rouge ou
   2 échalotes françaises, en dés
130 g (1 tasse) de brocoli en fleurettes,
   de haricots verts ou d'asperges, en
   dés
8 mini-tomates, coupées en deux

2 c. à café de sauce Worcestershire
4 œufs, gros
3 c. à soupe de lait
Au goût, poivre fraîchement moulu
3 c. à soupe de parmesan râpé
½ c. à café d'herbes de
   Provence

1. Dans une poêle antiadhésive, chauffer légèrement l'huile d'olive ; attendrir l'oignon, puis ajouter les légumes et cuire quelques minutes.

2. Assaisonner avec la sauce Worcestershire.

3. Dans un petit bol, battre les œufs et le lait et verser sur les légumes. Saler et poivrer. Cuire jusqu'à apparence d'une omelette. Saupoudrer de parmesan et d'herbes de Provence.

4. Tailler en quatre pointes et servir avec un pita de blé entier grillé.

VARIANTES Pour obtenir différentes frittatas, varier les légumes : épinards, champignons, poivrons de toutes les couleurs, chou frisé (kale), brocoli, poireaux, courgettes, etc. Varier aussi les fromages : cheddar, mozzarella, suisse, gouda, etc.

VALEUR NUTRITIVE
POUR UNE PORTION
DE LA RECETTE

Calories	282
Protéines	19 g
Glucides	10 g
Fibres	3 g
Gras total	19 g

Excellente source de vitamine A et de potassium.

Bonne source de vitamine C, de fer et de calcium.

Protéines et fibres au menu

Lanières de poulet ou de tofu grillées au sésame
Aubergine, poivron et oignon grillés, sauce au yogourt
Melon d'eau

AUBERGINE, POIVRON ET OIGNON GRILLÉS, SAUCE AU YOGOURT

Rendement: 2 à 3 portions
Temps de préparation: 10 minutes
Temps de cuisson: 10 minutes

1 petite aubergine italienne, en tranches de 2 cm (½ po) d'épaisseur
1 poivron rouge, orange ou jaune, en lanières
1 oignon blanc ou rouge, en quartiers
1 c. à soupe d'huile d'olive extra-vierge
Au goût, sel et poivre
120 g (½ tasse) de yogourt grec nature
1 c. à café de miel
½ c. à café de cumin moulu
Quelques brins de coriandre fraîche ou de persil frais, ciselés
30 g (¼ tasse) de mélange de noix grillées

1. Étendre les légumes sur une plaque à biscuits, les badigeonner d'huile, puis saler et poivrer. Faire griller les légumes sur le barbecue ou sous le gril du four en les retournant lorsqu'ils sont bien grillés.

2. Dans un petit bol, mélanger le yogourt, le miel, le cumin et la coriandre ou le persil. Saler et poivrer au goût.

3. Déposer les légumes (chauds ou tièdes) dans une assiette. Verser le yogourt aromatisé et parsemer de noix.

VARIANTES Courgettes, champignons, endives, poireaux, pommes de terre, patates douces, carottes, panais se prêtent aussi au jeu et sont succulents grillés. Badigeonner les légumes d'huile aromatisée de vinaigre balsamique et les parsemer d'ail écrasé avant de les faire griller, puis les servir tels quels.

VALEUR NUTRITIVE POUR UNE PORTION DE LA RECETTE

Calories	163
Protéines	7 g
Glucides	18 g
Fibres	6 g
Gras total	7 g

Excellente source de vitamine C.

Bonne source de potassium et de vitamine A.

Protéines et fibres au menu

Salade verte
Truite saumonée au four
Purée mystère de céleri-rave
Pain de blé entier
Melon miel

PURÉE MYSTÈRE DE CÉLERI-RAVE

Rendement : 4 portions
Temps de préparation : 10 minutes
Temps de cuisson : Environ 15 minutes

1 céleri-rave, gros
60 g (2 oz) de fromage de chèvre frais
 (ex. : un demi-rouleau de chèvre des Alpes)
Au goût, poivre

1. À l'aide d'un couteau éplucheur, peler le céleri-rave, puis tailler en morceaux d'environ 3 cm (1 po).

2. Déposer dans une casserole d'eau bouillante et cuire environ 20 minutes ou jusqu'à ce que le légume soit bien tendre.

3. Égoutter et mélanger au robot jusqu'à consistance assez lisse.

4. Ajouter le fromage de chèvre et bien mélanger.

5. Verser la purée dans un plat allant au four à micro-ondes et réchauffer à la dernière minute.

VARIANTES Cette purée a l'apparence d'une belle purée de pommes de terre, mais elle ne contient ni beurre, ni crème, ni sel. Elle est magnifique servie avec du poulet, du saumon ou de la truite.

VALEUR NUTRITIVE
POUR UNE PORTION
DE LA RECETTE

Calories	124
Protéines	6 g
Glucides	19 g
Fibres	4 g
Gras total	4 g

Excellente source de potassium.

Bonne source de vitamine C.

Les surgelés

Pas de légumes frais sous la main? Les surgelés viennent à la rescousse! Leur texture et leur valeur nutritive sont préservées par le procédé de surgélation. Après les légumes frais, ils constituent un deuxième choix valable. Prêts à l'emploi, ils se cuisinent en quelques minutes.

Quelques légumes congelés offerts sur le marché
- Asperges
- Brocoli
- Choux de Bruxelles
- Chou-fleur
- Chou frisé (*kale*)
- Épinards
- Haricots verts, jaunes
- Pois verts

Légumes variés taillés prêts pour une soupe ou un sauté
- Brocoli et choux-fleurs
- Haricots, choux-fleurs, carottes
- Haricots verts, carottes, brocofleur romanesco
- Pois mange-tout, maïs miniatures, fèves germées, poivrons rouges, brocoli

Les potages

Rien de plus réconfortant qu'un potage maison qui sait recycler une foule de beaux légumes ou encore quelques restes oubliés dans le frigo : laitue ou verdures, asperges, brocoli, courgettes, haricots verts, quelques tomates trop mûres... Je vous livre ma façon de concocter des potages qui font des heureux depuis plus de 50 ans.

POTAGE MAISON SAVOUREUX

1. Dans une grande casserole, chauffer un peu d'huile et faire suer les fidèles légumes, oignons et carottes, taillés grossièrement, avec un peu de thym frais ou séché. (Si vous aimez l'ail, ajoutez une petite gousse émincée.)

2. Ajouter une bonne quantité de bouillon de poulet maison ou réduit en sodium du commerce, ou encore un bouillon de légumes à la place de l'eau. Cette façon de faire permet d'obtenir plus de saveur.

3. Ajouter brocoli, haricots verts, asperges, courgettes taillées grossièrement ou autre légume qui traînent au frigo et laisser mijoter jusqu'à tendreté. (Il n'y a aucune limite au nombre de légumes différents que vous pouvez utiliser.)

4. À la toute fin de la cuisson, ajouter les verdures «fanées» et laisser cuire de 1 à 2 minutes. Retirer du feu.

5. Lorsque le potage est légèrement refroidi (quelques minutes suffisent), le verser dans la jarre du mélangeur et mélanger jusqu'à l'obtention d'une consistance lisse.

6. Facultativement, ajouter à ce beau mélange une poignée d'épinards ou de roquette crus et bien mélanger. Cet ajout donne une couleur vive au potage et y associe la fraîcheur d'un légume cru.

7. Remettre le potage dans la casserole pour le réchauffer.

8. Goûter sans saler. Si nécessaire, relever le goût avec un peu de jus de citron ou de vinaigre de vin, ou encore du pistou, sans en mettre trop.

9. Servir chaud comme plat principal, accompagné d'un fromage et de bon pain.

10. Les restes peuvent être conservés quelques jours au frigo ou quelques semaines au congélateur.

Protéines et fibres au menu

Potage minute aux épinards
Saumon et concombre sur pain de seigle grillé
Poire en tranches et quelques dattes

POTAGE MINUTE AUX ÉPINARDS

Rendement : 2 portions
Temps de préparation : 5 minutes
Conservation : 2 à 3 jours au frigo

1 tranche de pain de blé entier, sans croûte, déchirée en morceaux
2 c. à café d'huile d'olive
90 g (3 tasses) d'épinards frais, bien tassés
½ oignon, coupé grossièrement
30 g (¼ tasse) de poudre de lait écrémé
250 ml (1 tasse) de bouillon de poulet réduit en sodium

1. Déposer les ingrédients dans la jarre du mélangeur et mélanger jusqu'à l'obtention d'une belle consistance.

2. Verser dans une casserole ou dans un bol allant au four à micro-ondes, réchauffer quelques minutes et servir.

ASTUCE Ce potage est meilleur consommé le jour même. Il se conserve au frigo quelques jours, mais il perd sa belle couleur verte.

VALEUR NUTRITIVE
POUR UNE PORTION
DE LA RECETTE

Calories	152
Protéines	8 g
Glucides	17 g
Fibres	3 g
Gras total	5 g

Excellente source de vitamine A.

Bonne source de vitamine C et de potassium.

Source de calcium et de fer.

Les soupes froides

Souvent appelées gaspachos, les soupes froides rafraîchissent l'été et ensoleillent le reste de l'année. Tomates, pois verts, courgettes et concombres se transforment en autant de soupes givrées et surprenantes.

Comment réaliser une de ces délicieuses soupes froides? Rien de plus simple. À l'aide du mélangeur ou au robot culinaire, réduisez en purée de beaux légumes, assaisonnez d'herbes fraîches et ajustez la texture en ajoutant un peu d'eau. Réfrigérez environ deux heures afin de savourer bien froid.

QUELQUES HEUREUX MARIAGES POUR VOUS INSPIRER

- Concombre et raisins verts sans pépins
- Concombre, avocat, gingembre et menthe
- Concombre, pomme et menthe
- Courgette, basilic et cerfeuil
- Courgette, poireau et cari
- Chou-fleur cuit et pomme verte
- Tomates, concombre et basilic
- Pois verts congelés, avocat mûr et menthe
- Poivron, avocat, chou frisé et aneth

Protéines et fibres au menu

Gaspacho de tomates
Œufs durs et pointe de fromage Oka
Pain de grains entiers
Kiwis

GASPACHO DE TOMATES

Rendement: 2 à 3 portions
Temps de préparation: 10 minutes
Temps de réfrigération: 2 heures

3 tomates rouges bien mûres
1 petit poivron vert ou rouge
1 gousse d'ail ou 1 échalote française
Le jus de 1 petit citron
1 c. à soupe d'huile d'olive extra-vierge
1 tranche de pain de blé entier, sans croûte, déchirée en morceaux
Quelques gouttes de sauce tabasco
Au goût, sel et poivre

1. Tremper les tomates dans l'eau bouillante 1 minute, puis peler.

2. Couper les légumes grossièrement. Déposer tous les ingrédients, y compris le pain, dans le bol du robot culinaire ou du mélangeur et réduire en purée.

3. Si les tomates ne sont pas assez juteuses, ajouter un peu d'eau froide.

4. Réfrigérer pendant au moins 2 heures. Servir très froid accompagné de croûtons.

VARIANTE Parsemer le gaspacho de tranches d'œuf dur ou de copeaux de parmesan.

VALEUR NUTRITIVE
POUR UNE PORTION
DE LA RECETTE

Calories	148
Protéines	3 g
Glucides	19 g
Fibres	3 g
Gras total	8 g

Excellente source de vitamine A, de vitamine C et de potassium.

VOUS AIMEZ LES LÉGUMINEUSES ?

Vous les aimez en principe, mais ne les cuisinez pas souvent. Dommage, parce que plusieurs plats à base de lentilles ou de pois chiches fondent dans la bouche. Doublement dommage, parce que les légumineuses ont des atouts nutritionnels que les légumes ou les grains entiers n'ont pas. Elles constituent une des meilleures sources de protéines végétales, de fer, de magnésium et de fibres alimentaires.

Contrairement au quinoa, aux pâtes ou au riz brun, les légumineuses peuvent remplacer ou compléter des protéines animales (viande, poulet, poisson, fromage, œufs) pour votre plus grand bien. Elles deviennent le pilier d'une alimentation végétarienne ou végétalienne.

Malgré tous ces atouts nutritionnels, je sais que les légumineuses ont mauvaise réputation, car elles peuvent occasionner des gaz et de la flatulence. Si vous n'avez pas l'habitude d'en manger, mais que vous souhaitez en incorporer à votre alimentation, mieux vaut débuter par de petites quantités. Commencez par les associer à une petite portion de viande, de poulet ou de fromage. De cette façon, vous obtenez les protéines nécessaires, mais sans les effets secondaires. Plus souvent vous en mangez, plus le tube digestif s'acclimate et moins vous aurez de réactions déplaisantes...

Vous pouvez préparer des légumineuses selon la méthode traditionnelle en les faisant tremper plusieurs heures avant de les faire cuire une heure ou plus. Ou vous pouvez recourir aux légumineuses en conserve.

Les légumineuses en conserve, une option valable

Les légumineuses en conserve ne sont pas à dédaigner. Certaines d'entre elles sont maintenant offertes sans sel; nul besoin de les rincer. Sinon, rincez-les sous l'eau froide pour réduire la quantité de sodium et égouttez-les. Elles sont prêtes pour enrichir une soupe, une salade ou une casserole. Bien entendu, les légumineuses ont besoin d'aide pour que vos plats soient savoureux. L'ail, les oignons, les fines herbes et les épices ont l'art de faire la différence. Le cumin a pour sa part le pouvoir de réduire les problèmes de flatulence lorsqu'il est incorporé dans la recette.

QUELQUES LÉGUMINEUSES EN CONSERVE OFFERTES SUR LE MARCHÉ

LENTILLES	Brunes
	Françaises
	Orangées
	Vertes
HARICOTS	Blancs
	De Lima
	Flageolets
	Gourganes
	Lupinis
	Mélangés
	Noirs
	Pinto
	Rouges
POIS	Chiches
	Jaunes, entiers ou cassés
	Verts cassés

Protéines et fibres au menu

Salade de pois chiches, pomme, carotte et fromage
Lit de roquette
Yogourt grec et amandes grillées

SALADE DE POIS CHICHES, POMME ET FROMAGE

Rendement: 2 à 3 portions
Temps de préparation: 5 minutes

1 boîte de 540 ml (19 oz) de pois chiches en conserve, rincés et égouttés
1 pomme rouge, non pelée, coupée en cubes
1 carotte, râpée
45 g (1 ½ oz) de mozzarella, taillée en petits cubes
2 oignons verts, finement hachés
2 c. à soupe de vinaigrette maison ou du commerce

1. Mélanger tous les ingrédients dans un bol.

2. Laisser macérer 15 minutes, si désiré.

3. Déposer sur un lit de laitue ou de roquette.

VALEUR NUTRITIVE
POUR UNE PORTION
DE LA RECETTE

Calories	333
Protéines	20 g
Glucides	42 g
Fibres	8,5 g
Gras total	10 g

Excellente source
de fer.

Bonne source
de vitamine C.

Protéines et fibres au menu
Minestrone des jours de semaine
Pain de blé entier
Yogourt grec à la vanille garni de petits fruits

MINESTRONE DES JOURS DE SEMAINE

Rendement: 3 portions
Temps de préparation: 15 minutes

1 gousse d'ail, émincée
1 petit oignon, finement coupé
1 c. à café d'huile d'olive
500 ml (2 tasses) de bouillon de poulet ou de légumes, réduit en sodium
1 carotte, coupée en dés
Environ 15 haricots verts, coupés en rondelles
120 g (½ tasse) de tomates concassées en conserve
1 feuille de laurier
Une pincée d'herbes de Provence
240 g (1 tasse) de haricots rouges en conserve, égouttés
30 g (1 oz) de parmesan râpé

1. Dorer l'ail et l'oignon quelques minutes dans l'huile d'olive. Ajouter le bouillon, les dés de carotte, les haricots, les tomates, la feuille de laurier et les herbes de Provence.

2. Amener à ébullition, puis ajouter les haricots rouges.

3. Réchauffer le tout. Servir et saupoudrer de parmesan râpé.

VARIANTES Vous pouvez ajouter une poignée de feuilles d'épinards à la fin de la cuisson ou 1 c. à café de pistou, juste avant de servir.

VALEUR NUTRITIVE POUR UNE PORTION DE LA RECETTE

Calories	191
Protéines	12 g
Glucides	24 g
Fibres	11 g
Gras total	5 g

Bonne source de calcium et de fer.

Mijoté de pois chiches
Quinoa aux épinards
Bleuets

MIJOTÉ DE POIS CHICHES

Rendement: 2 portions
Temps de préparation: 30 minutes

1 gousse d'ail, émincée
1 c. à soupe d'huile d'olive
1 petit oignon, finement coupé
1 carotte, taillée en rondelles
125 g (2 tasses) de champignons de Paris, nettoyés et tranchés
1 boîte de 400 ml (14 oz) de tomates concassées
1 boîte de 540 ml (19 oz) de pois chiches, rincés et égouttés
1 pincée de poivre
Fines herbes au goût

1. Dorer l'oignon et l'ail dans l'huile d'olive quelques minutes jusqu'à ce que les oignons soient translucides.

2. Ajouter les rondelles de carotte et les champignons et cuire de 5 à 8 minutes.

3. Ajouter les tomates et cuire de 10 à 15 minutes, jusqu'à ce que le mélange épaississe. Incorporer les pois chiches et réchauffer quelques minutes.

4. Assaisonner au goût.

5. Servir sur une salade d'épinards et de quinoa.

VALEUR NUTRITIVE
POUR UNE PORTION
DE LA RECETTE

Calories	377
Protéines	20 g
Glucides	58 g
Fibres	13 g
Gras total	9 g

Excellente source de
vitamine A et de fer.

Protéines et fibres au menu

**Salade de haricots rouges à l'orange
et aux noix de Grenoble**
Lit de mâche ou de bébés épinards
Craquelins de blé entier
Yogourt grec à la vanille garni de bleuets

SALADE DE HARICOTS ROUGES À L'ORANGE ET AUX NOIX DE GRENOBLE

Rendement: 2 portions
Temps de préparation: 20 minutes

2 oranges juteuses, pelées à vif (voir «Astuce»)
3 oignons verts, taillés en petits morceaux
1 boîte de 540 ml (19 oz) de haricots rouges, rincés et égouttés
4 c. à café de menthe fraîche, hachée finement
2 c. à soupe de vinaigrette au choix
10 à 12 noix de Grenoble, grossièrement coupées
1 pincée de poivre (facultatif)

1. Faire de fines tranches d'orange, puis les tailler en pointes. Déposer dans un bol.

2. Ajouter les oignons verts, les haricots, la menthe et la vinaigrette. Bien mélanger.

3. Ajouter les noix de Grenoble et un soupçon de poivre, si désiré.

4. Couvrir et refroidir au frigo avant de servir sur un lit de verdures délicates, comme de la mâche ou des bébés épinards.

ASTUCE Pour peler une orange à vif, vous avez besoin d'un couteau bien aiguisé qui permet de retirer non seulement la pelure de l'orange, mais également la partie blanche.

VALEUR NUTRITIVE POUR UNE PORTION DE LA RECETTE

Calories	360
Protéines	18 g
Glucides	54 g
Fibres	14 g
Gras total	10 g

Excellente source de vitamine C.

Source de bons gras, de vitamine A, de calcium et de fer.

Les légumineuses à cuisiner sans trempage

Les lentilles vertes, brunes ou orangées, ainsi que les pois cassés verts ou jaunes, sont les seules légumineuses qui peuvent être cuisinées sans trempage avant la cuisson. Les lentilles orangées sont prêtes en moins de 20 minutes, tandis que les lentilles brunes ou vertes exigent de 30 à 45 minutes de cuisson. Vous n'avez qu'à les rincer avant de les faire cuire. J'utilise souvent les lentilles orangées pour épaissir une soupe ou une sauce tomate. Lorsque je veux enrichir de protéines une soupe aux to-mates, j'incorpore environ 45 g (¼ tasse) de lentilles par portion et je laisse épaissir de 10 à 12 minutes environ. Pour épaissir une sauce tomate, j'y ajoute des lentilles orangées, je laisse cuire de 10 à 15 minutes, et le tour est joué.

Les légumineuses congelées

La découverte à faire, si ce n'est déjà fait, ce sont les fèves de soya vertes appelées edamames. Elles ont l'apparence des pois mange-tout mais, contrairement à ceux-ci, on ne mange pas la cosse. Elles se vendent non écossées ou écossées. De plus, elles ne demandent que quatre minutes de cuisson dans l'eau bouillante.

Les edamames sont riches en protéines et en fer, comme les autres légumineuses. Ils contiennent aussi une petite quantité de gras oméga-3 et d'**isoflavones**, ce qui les rend intéressants sur le plan nutritionnel. On les sert froids en salade ou chauds dans un mets cuisiné, pour en faire un plat d'accompagnement ou un plat principal.

Edamames

Protéines et fibres au menu

Salade d'épinards
Potage de lentilles et de champignons
Pain de blé entier
Fromage du Québec

POTAGE DE LENTILLES ET DE CHAMPIGNONS

Rendement : 2 portions
Temps de préparation : 10 minutes
Temps de cuisson : Environ 45 minutes

1 petit oignon, coupé finement
1 gousse d'ail, émincée
1 c. à soupe d'huile d'olive
35 g (½ tasse) de champignons, nettoyés et coupés en morceaux
90 g (½ tasse) de lentilles vertes, brunes ou du Puy, sèches
750 ml (3 tasses) de bouillon de poulet réduit en sodium
2 c. à soupe de persil frais, finement haché

1. Dans une grande casserole, dorer l'oignon et l'ail dans l'huile d'olive sur feu doux jusqu'à transparence. Ajouter les champignons et cuire de 2 à 3 minutes.

2. Rincer et égoutter les lentilles. Ajouter à la casserole avec le bouillon de poulet.

3. Laisser mijoter à feu doux environ 45 minutes ou jusqu'à ce que les lentilles soient très tendres.

4. Servir immédiatement ou passer au mélangeur pour obtenir une texture plus lisse. Garnir de persil frais.

ASTUCES Doubler la recette et conserver les restes au congélateur. Ajouter des légumes (courgettes, épinards, carottes, tomates, etc.).

VALEUR NUTRITIVE POUR UNE PORTION DE LA RECETTE	
Calories	285
Protéines	20 g
Glucides	32 g
Fibres	5 g
Gras total	10 g
Bonne source de potassium et de fer.	

Protéines et fibres au menu
Salade verte
Salade d'edamames, de pomme et de poivron
Lit de roquette
Pita de blé entier
Clémentine

SALADE D'EDAMAMES, DE POMME ET DE POIVRON

Rendement: 2 portions
Temps de préparation: 15 minutes

240 g (2 tasses) d'edamames congelés, écossés
1 c. à café de moutarde de Dijon
2 c. à café de vinaigre de vin
1 c. à soupe d'huile d'olive
1 poivron orange, jaune ou rouge, en dés
1 oignon vert ou 1 échalote grise, finement coupé
1 pomme, taillée en cubes

1. Cuire les edamames dans l'eau bouillante 4 minutes et égoutter.

2. Dans un bol, délayer la moutarde de Dijon dans le vinaigre de vin ; ajouter l'huile d'olive, bien mélanger.

3. Ajouter le poivron, l'oignon vert (ou l'échalote) et la pomme. Mélanger.

4. Servir sur une moitié de pain pita grillé ou sur une poignée de roquette.

VALEUR NUTRITIVE POUR UNE PORTION DE LA RECETTE

Calories	372
Protéines	24 g
Glucides	27 g
Fibres	12 g
Gras total	18 g

Excellente source de vitamine A, de vitamine C et de fer.

Source de calcium et de potassium.

Protéines et fibres au menu

Filet de sole au four
**Sauté de pak-choï et d'edamames
aux graines de sésame**
Riz brun
Compote de fraises et rhubarbe

SAUTÉ DE PAK-CHOÏ ET D'EDAMAMES AUX GRAINES DE SÉSAME

Rendement: 2 portions
Temps de préparation: 10 minutes
Temps de cuisson: 10 minutes

155 g (1 tasse) d'edamames congelés, écossés
1 petit pak-choï (chou chinois), lavé et égoutté
1 gousse d'ail, hachée
1 c. à café d'huile de sésame ou de noisette
1 c. à café d'huile d'olive
1 c. à café de sauce de poisson (optionnel)
1 c. à café de sauce soya légère
1 c. à café de graines de sésame
1 pincée de coriandre ou de gingembre, moulu
Au goût, poivre

1. Faire bouillir les edamames de 3 à 4 minutes. Bien les égoutter.

2. Émincer les tiges blanches et les feuilles du pak-choï.

3. Dans un wok, faire revenir l'ail et le pak-choï quelques minutes dans l'huile de sésame (ou de noisette) et l'huile d'olive.

4. Ajouter les edamames et le reste des ingrédients et poursuivre la cuisson 2 minutes. Servir aussitôt en accompagnement d'un plat de viande, de volaille ou de poisson grillé.

VARIANTES Ajouter des poivrons rouges. Utiliser des pak-choïs miniatures entiers ou des fleurettes de brocoli légèrement blanchies. Remplacer les graines de sésame par des noix de cajou ou des amandes crues.

VALEUR NUTRITIVE POUR UNE PORTION DE LA RECETTE	
Calories	202
Protéines	14 g
Glucides	12 g
Fibres	6 g
Gras total	12 g

Excellente source de vitamine A, de vitamine C et de calcium.

LES ŒUFS, QUE FAUT-IL EN PENSER?

Les œufs ont été victimes d'une importante controverse concernant le cholestérol. Ils sont encore perçus comme un aliment à surveiller de près. La confusion qui règne entre le cholestérol alimentaire et le cholestérol sanguin n'a pas fini d'embrouiller les cartes…

Dommage, car, de l'avis de tous les experts, un œuf par jour n'augmente aucunement le risque de développer une maladie cardiovasculaire chez une personne en santé. Loin d'inscrire les œufs sur une liste noire, ces mêmes experts estiment qu'une consommation de quatre œufs par semaine est tout à fait acceptable si vous êtes diabétique ou avez un problème cardiaque. En fait, ils s'inquiètent davantage des gras saturés qui accompagnent souvent les œufs, comme le bacon, les saucisses, le beurre pour la cuisson et sur les rôties.

Blanc d'œuf ou œuf entier?

Un **œuf entier** contient 6 g d'excellentes protéines faciles à digérer. Mais attention! Un repas complet doit en apporter environ 20 g. Fait étonnant, le jaune d'œuf, souvent moins valorisé que le blanc, renferme autant de protéines et beaucoup d'éléments nutritifs intéressants: fer, zinc, vitamine A, acide folique, lutéine, choline. C'est donc l'œuf entier qu'il vaut la peine d'inclure à votre menu.

Les **œufs oméga-3** sont dignes de mention; ils sont obtenus à la suite d'une modification de l'alimentation de la poule. Chacun de ces œufs contient 0,4 g d'oméga-3. Ils sont particulièrement intéressants pour les personnes qui ne mangent que peu de poissons gras riches en oméga-3.

Les **œufs biologiques** sont produits par des poules nourries à la moulée biologique obtenue de céréales cultivées sur des terres qui n'ont pas été directement exposées à des pesticides ni à des herbicides depuis trois ans ou plus. De plus, ces poules sont élevées en liberté dans des poulaillers à aire ouverte équipés d'espaces de ponte. C'est une question de choix.

Les **œufs de caille** peuvent combler de joie vos petits-enfants! Il suffit de quatre minutes dans l'eau bouillante pour obtenir un œuf dur et d'une minute et demie pour un œuf à la coque.

Œufs de caille

Un aliment dépanneur par excellence

Je connais peu d'aliments frais, riches en protéines, facilement disponibles qui exigent moins de temps à cuisiner. Les œufs sont toujours au frigo et prêts à servir...

L'œuf à la coque ou poché est l'aliment idéal qui nourrit sans alourdir. Il prend moins de quatre minutes à cuire, sans un soupçon de gras, et peut devenir l'élément clé d'un repas. Je me souviendrai toujours de l'œuf à la coque servi dans un coquetier accompagné d'asperges mi-cuites comme mouillettes à la place du pain grillé, à l'heure du déjeuner dans un grand relais de France. Quelle savoureuse façon de célébrer le printemps! L'œuf poché, lui, peut être servi sur une demi-tranche de pain grillé ou sur un lit d'épinards cuits quelques minutes. Pour obtenir suffisamment de protéines, calculez deux œufs par personne et complétez le repas avec une tranche de fromage ou petit bol de yogourt grec.

L'œuf dur, cuit dans sa coquille, n'exige que 10 minutes dans l'eau bouillante. Après la cuisson, refroidissez-le immédiatement à l'eau froide et incorporez-le à la recette de votre choix: œufs farcis, mélange pour sandwich, salade niçoise, assiette froide. Si vous souhaitez faire une petite réserve, faites cuire 3 ou 4 œufs 10 minutes dans l'eau bouillante, refroidissez-les et rangez-les au frigo dans leur coquille; ils se conserveront quelques jours.

Protéines et fibres au menu

Salade de carottes
Omelette aux épinards et aux tomates séchées
Pain de blé entier
Prune fraîche en quartiers

OMELETTE AUX ÉPINARDS ET AUX TOMATES SÉCHÉES

Rendement : 2 portions
Temps de préparation : 5 minutes
Temps de cuisson : 10 minutes

60 g (2 tasses) d'épinards frais, lavés, bien tassés
5 tomates séchées, hachées
2 c. à café d'huile d'olive
4 œufs, gros
2 c. à soupe de lait
1 pincée de muscade et de poivre au moulin
50 g (1 ½ oz) de fromage râpé (suisse, parmesan, mozzarella, etc.)

1. Dans une poêle antiadhésive, faire cuire les épinards et les tomates quelques minutes dans l'huile d'olive.

2. Dans un bol, battre les œufs, le lait, la muscade et le poivre, puis verser sur les légumes.

3. Faire cuire l'omelette et ajouter le fromage à mi-cuisson.

VARIANTE Essayer avec d'autres légumes comme le brocoli, les champignons, les asperges, les courgettes et le chou frisé.

VALEUR NUTRITIVE POUR UNE PORTION DE LA RECETTE	
Calories	315
Protéines	21 g
Glucides	10 g
Fibres	3 g
Gras total	21 g

Excellente source de vitamine A.

Bonne source de potassium et de fer.

Source de calcium.

Protéines et fibres au menu
Salade de tomate et d'épinards
Omelette au four
Pain de grains entiers grillé
Orange en quartiers

OMELETTE AU FOUR

Rendement: 2 portions
Temps de préparation: 5 minutes
Temps de cuisson: 30 minutes

125 ml (½ tasse) de lait
1 c. à café de fécule de maïs
4 œufs
2 c. à café d'huile d'olive
60 g (2 oz) de fromage au choix, râpé

1. Préchauffer le four à 180 °C (350 °F).

2. Mélanger le lait et la fécule de maïs, puis ajouter les œufs et battre.

3. Huiler un petit plat allant au four et y verser le mélange.

4. Parsemer de fromage et cuire au four environ 30 minutes.

5. Servir chaud.

VALEUR NUTRITIVE
POUR UNE PORTION
DE LA RECETTE

Calories	306
Protéines	21 g
Glucides	5 g
Fibres	0 g
Gras total	22 g

Excellente source
de calcium.

Bonne source de
potassium et de
vitamine A.

Protéines et fibres au menu

Crêpes hyper-protéinées
Yogourt grec nature ou vanille
Fraises, bleuets, mûres

CRÊPES HYPER-PROTÉINÉES

Rendement: 2 portions
Temps de préparation: 5 minutes
Temps de cuisson: 5 minutes

2 œufs
110 g (½ tasse) de fromage cottage
15 g (¼ tasse) de flocons d'avoine
1 c. à soupe de graines de sésame (grillées si désiré)
Quelques gouttes d'extrait de vanille (si désiré)
1 c. à soupe d'huile d'olive

1. Mettre tous les ingrédients, sauf l'huile, dans le bol du robot ou du mélangeur et bien mélanger.

2. Verser 2 c. à soupe de la préparation à la fois dans une poêle antiadhésive légèrement huilée.

3. Cuire quelques minutes de chaque côté.

4. Servir chaudes avec de petits fruits, du yogourt et des noix.

VARIANTE Remplacer le fromage cottage par de la ricotta.

VALEUR NUTRITIVE
POUR UNE PORTION
DE LA RECETTE

Calories	245
Protéines	16 g
Glucides	10 g
Fibres	2 g
Gras total	15 g

Source de calcium, de
fer et de vitamine A.

Protéines et fibres au menu

Salade de fruits frais
Pain doré au four

PAIN DORÉ AU FOUR

Rendement : 2 portions
Temps de préparation : 10 minutes
Temps de cuisson : 20 à 25 minutes

3 œufs, gros
125 ml (½ tasse) de lait
2 c. à soupe de jus d'orange
1 banane mûre
4 tranches de pain de grains entiers
1 c. à café d'huile

1. Préchauffer le four à 200 °C (400 °F).

2. Au mélangeur, mélanger les œufs, le lait, le jus d'orange et la banane jusqu'à ce que la préparation soit lisse.

3. Dans un plat peu profond, déposer les tranches de pain et verser la préparation sur le pain. Laisser reposer jusqu'à ce que la préparation soit absorbée.

4. Déposer les tranches de pain sur une plaque à biscuits bien huilée. Faire cuire 10 minutes, puis retourner les tranches de pain et cuire de 10 à 15 minutes, jusqu'à ce que les tranches soient gonflées et dorées.

5. Servir chaud. Napper de yogourt à la vanille et saupoudrer de noix, si désiré.

VALEUR NUTRITIVE
POUR UNE PORTION
DE LA RECETTE

Calories	355
Protéines	19 g
Glucides	41 g
Fibres	5 g
Gras total	13 g

Excellente source
de potassium.

Bonne source de fer et
de calcium.

Source de vitamine C.

AVEZ-VOUS PEUR DES NOIX?

La question qui tue… Les noix font-elles engraisser? La réponse est non! Votre crainte a fait l'objet de plusieurs recherches qui ont démontré sans l'ombre d'un doute qu'une consommation régulière de noix ne fait pas prendre de poids, au contraire. Ce sont les personnes qui en mangent peu qui engraissent lorsqu'on les compare à des consommateurs réguliers de noix. De fait, les noix savent calmer la faim sans jouer de mauvais tours à la glycémie, ce qui convient parfaitement aux personnes qui doivent limiter leur consommation d'aliments sucrés, telles les personnes souffrant de diabète ou d'**hypoglycémie**.

Par ailleurs, vous avez raison de dire que les noix sont riches en gras, mais il s'agit de *bons* gras qui n'entravent pas la circulation sanguine. Les noix sont même considérées comme des aliments protecteurs sur le plan cardiovasculaire. Non seulement elles favorisent une baisse du mauvais cholestérol, mais elles entretiennent l'intégrité et la flexibilité des artères. Les noix de Grenoble contiennent même une petite dose d'oméga-3, un autre bon gras.

Font partie de cette grande famille les noix du Brésil, les amandes, les noix de Grenoble, les pacanes, les noisettes, les pistaches, les noix de cajou et de macadam, les pignons ainsi que les arachides.

| Pacanes | Noix de cajou | Noix de Grenoble |
| Pistaches | Amandes | Noisettes |

Nature ou blanchies?

Les noix, comme les amandes et les noisettes, et les arachides conservent tous leurs atouts nutritionnels si elles sont mangées nature avec la petite peau qui les recouvre. Elles perdent malheureusement 50 % de leur teneur en antioxydants, dont la vitamine E, lorsqu'elles sont blanchies.

Salées ou non salées?

Au naturel, les noix sont pauvres en sodium. Lorsqu'elles sont salées, elles héritent d'une bonne dose de sodium qui ne rend pas toujours service aux personnes qui souffrent d'hypertension ou d'insuffisance rénale.

UNE POIGNÉE DE NOIX (28 g – ¼ TASSE)	TENEUR EN SODIUM (mg)	
	NATURE	SALÉES
Amandes	4	212
Noisettes	0,5	173
Noix mélangées	4	180
Amandes au tamari	-	100

Méfiez-vous des noix au tamari, qui récoltent elles aussi une dose additionnelle de sodium. Mieux vaut apprécier la vraie saveur des noix nature.

Des noix au menu

Les noix sont non seulement riches en bons gras, en protéines, en potassium, en magnésium et en calcium, mais elles sont également riches en vitamine E, en acide folique, en niacine et en vitamine B_6. Rares sont les aliments qui contiennent autant d'éléments nutritifs. De fait, les noix peuvent améliorer en quelques bouchées la valeur nutritive de votre menu quotidien.

POUR AJOUTER DES NOIX À VOTRE MENU

- Le matin, saupoudrez 5 ou 6 noix hachées sur vos céréales ou encore tartinez du pain grillé avec un beurre de noix ou d'arachides.
- Le midi, ajoutez des noix nature ou grillées à une salade de verdures ou à un yogourt nature.
- À la collation, prenez quelques noix avec un fruit frais. Une de mes collations favorites consiste à tartiner des quartiers de pomme avec du beurre d'arachides.
- Les soirs de week-end, offrez des noix nature ou grillées à l'heure de l'apéro au lieu des sempiternels croustilles ou craquelins.

Un défi pour les dents

Si vous avez du mal à mastiquer des amandes ou des noisettes, optez pour des noix plus tendres, comme les noix de Grenoble. Ou encore, vous pouvez moudre des amandes ou des noisettes et obtenir une poudre ou farine de noix. Ajoutez ces noix moulues à un yogourt, à une compote, ou encore mélangez-les à de la chapelure pour gratiner un plat.

EST-IL VRAIMENT UTILE DE MANGER DES GRAINS ENTIERS?

Vous connaissez le pain de blé entier et les flocons d'avoine, vous avez goûté au quinoa, mais vous consommez plus souvent des pâtes alimentaires blanches et du riz blanc. Dites-vous qu'il n'est jamais trop tard pour faire mieux et profiter des bienfaits des grains entiers et des produits dérivés, car ils valent leur pesant d'or.

Il est avantageux de manger régulièrement des grains entiers à cause de leur richesse en fibres alimentaires. Attention! Ces fibres font beaucoup plus qu'assurer une régularité intestinale. De fait, grâce à des recherches fascinantes dans le domaine, on sait que ces fibres stimulent la fermentation et la formation de substances anti-inflammatoires, et que ces dernières améliorent la perméabilité de la muqueuse de l'intestin, le contrôle de la glycémie et la satiété, ce qui n'est pas peu dire…

De plus, les fibres présentes dans les grains entiers ne travaillent pas comme celles contenues dans les fruits et les légumes. Elles comprennent des fibres complexes comme des **polysaccharides** et des **oligosaccharides** (fructanes, bêta-glucane, cellulose, lignine, arabinoxylanes) qui modifient et modulent le monde des bactéries intestinales. Et la diversité des bactéries intestinales (le microbiote) rime avec une meilleure protection du système immunitaire. C'est pourquoi les grains entiers valent leur pesant d'or…

Voyons comment bénéficier régulièrement des vertus des grains entiers.

Grain entier ou produit céréalier à grains entiers?

On appelle «grain entier» un grain qui n'a subi aucun raffinage, c'est-à-dire dont toutes les parties sont conservées. La famille est grande: l'avoine, le blé, le **bulgur**, l'épeautre, le Kamut, le millet, l'orge mondé, le seigle et le triticale. Ces grains contiennent du gluten et ils se mangent cuits la plupart du temps: gruau d'avoine, risotto d'orge mondé…

On trouve aussi d'autres grains entiers qui ne renferment pas de gluten: le maïs, le riz brun, le **sorgho**, l'amarante, le quinoa et le sarrasin. Eux aussi se mangent cuits la plupart du temps: gratin d'amarante, pilaf de quinoa, crêpes à la farine de sarrasin, **polenta** de maïs…

Les produits céréaliers, par exemple le pain ou les craquelins, les céréales à déjeuner, les pâtes alimentaires, sont, quant à eux, soit faits à partir de grains entiers, réduits en farine ou non – et porteront alors la mention «grains entiers» –, soit faits d'une partie du grain entier, comme le son de blé, le son de riz, le son d'avoine, le germe de blé.

Moins le grain est raffiné, plus il permet la formation de substances anti-inflammatoires intéressantes. Plus il est raffiné, moins il renferme de fibres bénéfiques, sans compter les pertes de magnésium, de chrome et d'autres précieux éléments nutritifs.

Les grains entiers comme le riz brun et l'orge mondé prennent plus de temps à cuire que le riz blanc ou l'orge perlé. Par contre, si vous en préparez 4 à 6 portions, les restes se conservent au frigo et même au congélateur. D'autres grains entiers, tels le quinoa et le bulgur, demandent moins de 15 minutes de cuisson.

LE TEMPS DE CUISSON DES GRAINS ENTIERS

GRAINS ENTIERS	TEMPS DE CUISSON (MIN)
Amarante	De 20 à 25
Bulgur	De 10 à 12
Millet	De 25 à 35
Orge mondé	De 50 à 60
Quinoa	De 12 à 15
Riz brun	De 40 à 45

ASTUCE

Pour rehausser la saveur d'un riz brun ou d'un autre grain entier, je le fais toujours cuire dans un bouillon de volaille ou de légumes maison ou du commerce, réduit en sodium. J'aime aussi la méthode du pilaf, qui consiste à faire revenir quelques minutes, en début de cuisson, les grains entiers dans un peu d'huile d'olive avant d'ajouter le liquide de cuisson. De cette façon, les grains ne collent pas et ne prennent pas en pain en fin de cuisson.

Protéines et fibres au menu

Asperges
Poulet aux tomates séchées
Pilaf au riz brun
Orange en tranches parsemée de noix de coco

PILAF AU RIZ BRUN

Rendement : 4 portions
Temps de préparation : 8 minutes
Temps de cuisson : 35 à 40 minutes

2 c. à café d'huile d'olive
1 échalote grise, taillée en fines rondelles
180 g (1 tasse) de riz brun basmati
500 ml (2 tasses) de bouillon de poulet ou de légumes réduit en sodium
1 c. à café de fines herbes séchées, au goût

1. Dans une casserole, chauffer légèrement l'huile d'olive. Ajouter l'échalote grise taillée en rondelles et dorer quelques minutes.

2. Incorporer le riz brun et mélanger de façon à enrober le riz d'un peu d'huile.

3. Ajouter lentement le bouillon et les fines herbes, couvrir et cuire à feu très doux, environ 40 minutes, ou jusqu'à ce que le riz ait absorbé le liquide de cuisson. Retirer du feu et servir immédiatement.

4. Les restes se conservent au frigo ou au congélateur.

VALEUR NUTRITIVE
POUR UNE PORTION
DE LA RECETTE

Calories	220
Protéines	4 g
Glucides	34 g
Fibres	2 g
Gras total	9 g

Bonne source
de magnésium.

FAUT-IL ÉLIMINER LES CÉRÉALES DU MATIN DE VOTRE ALIMENTATION ?

Certaines céréales ont une composition plus sucrée qu'un bonbon, alors, on passe! Mais pourquoi les mettre toutes dans le même panier? Plusieurs céréales à déjeuner ont le mérite d'avoir une courte liste d'ingrédients, un dérivé d'au moins un grain entier comme premier ingrédient, et ne renferment ni additif ni colorant. Au tableau de la valeur nutritive, ces céréales renferment plus de fibres que de sucre.

QUELQUES EXEMPLES DE BONNES CÉRÉALES À DÉJEUNER OFFERTES SUR LE MARCHÉ

- Bran Buds et Psyllium
- Shredded wheat
- Shredded Wheat and Bran
- Céréales Ezekiel
- Flocons d'avoine
- Son d'avoine

Mon bol de céréales

Voici une façon simple et délicieuse de bien commencer la journée!

1. Je recouvre le fond du bol de 2 cuillères à soupe de Bran Buds et Psyllium.
2. J'ajoute 2 cuillères à soupe de Shredded Wheat and Bran, quelques flocons de son de blé et 2 cuillères à soupe d'un granola du commerce, sans fruits secs.
3. Je recouvre d'une demi-douzaine de petits fruits frais (bleuets ou framboises).
4. J'arrose de lait partiellement écrémé ou de kéfir.

Protéines et fibres au menu
Gruau froid au yogourt, au chia et aux framboises
Café, tisane ou thé

GRUAU FROID AU YOGOURT, AU CHIA ET AUX FRAMBOISES

Rendement: 1 portion
Temps de préparation: 5 minutes
Temps de réfrigération: 12 heures

15 g (¼ tasse) de flocons d'avoine à cuisson rapide
80 g (⅓ tasse) de yogourt grec nature ou à la vanille
1 c. à soupe de graines de chia
125 ml (½ tasse) de lait ou de boisson de soya à saveur originale
60 g (½ tasse) de framboises fraîches ou surgelées
Une larme de sirop d'érable ou de miel

1. Mettre tous les ingrédients dans un pot de verre (pot Mason) ou un grand verre, mélanger et couvrir.

2. Laisser reposer au réfrigérateur pendant la nuit.

3. Savourer au déjeuner ou préparer des demi-portions pour
les collations.

VARIANTES Varier les fruits: banane, fraises, bleuets, mûres, poire, etc. Ajouter des amandes crues en morceaux.

VALEUR NUTRITIVE POUR UNE PORTION DE LA RECETTE

Calories	339
Protéines	20 g
Glucides	43 g
Fibres	12 g
Gras total	10 g

Excellente source de calcium.

Bonne source de vitamine C.

Source de fer et de vitamine A.

Protéines et fibres au menu

Orange en quartiers
Céréales chaudes du dimanche
Café au lait

CÉRÉALES CHAUDES DU DIMANCHE

Rendement : 2 portions
Temps de préparation : 3 minutes
Temps de cuisson : 5 à 8 minutes

25 g (½ tasse) de flocons d'avoine
20 g (¼ tasse) de noix de coco non sucrée, grillée
10 g (⅓ tasse) de céréales All Bran Buds et Psyllium
1 pincée de cannelle
250 ml (1 tasse) de lait partiellement écrémé
45 g (⅓ tasse) d'amandes ou de noisettes, grillées, concassées
Au goût, sucre d'érable

1. Mettre tous les ingrédients, sauf les amandes (ou les noisettes) et le sucre d'érable, dans une casserole et cuire à feu doux de 5 à 8 minutes, jusqu'à consistance crémeuse.

2. Retirer du feu, verser dans un bol et garnir d'amandes ou de noisettes grillées.

3. Si souhaité, saupoudrer de sucre d'érable.

VARIANTE Pour une texture plus onctueuse, mélanger les flocons d'avoine, la noix de coco et les céréales dans 375 ml (1 ½ tasse) d'eau. Couvrir et réfrigérer pendant la nuit. Au matin, verser le mélange de céréales, le lait et la cannelle dans une casserole et cuire sur feu doux de 5 à 8 minutes. Garnir ensuite d'amandes et de sucre d'érable.

VALEUR NUTRITIVE POUR UNE PORTION DE LA RECETTE

Calories	327
Protéines	12 g
Glucides	27 g
Fibres	6 g
Gras total	20 g

Bonne source de calcium.

Source de potassium et de vitamine A.

POURQUOI MANGER DU PAIN ?

Le pain est souvent absent du repas sous prétexte qu'il fait engraisser. On le considère comme inutile puisqu'il ne fournit ni bonnes protéines ni beaucoup de vitamines. Alors, pourquoi en manger ?

Parce que c'est l'aliment minute par excellence, le coupe-faim, le dépanneur, le fidèle compagnon des repas les plus simples. Parce que, sur le plan nutritif, il est plus intéressant que la plupart des craquelins, surtout lorsqu'il est fait de grains entiers riches en fibres alimentaires. Et ce n'est pas une gourmandise lorsqu'il est mangé nature, sans beurre ni confiture. De fait, il contient moins de sucre et moins de gras que la majorité des biscuits et fournit de 3 à 4 fois moins de calories qu'un bagel, un muffin ou un croissant.

Sans éclipser l'aliment riche en protéines ou la bonne portion de légumes, le pain (surtout de grains entiers) a sa place au menu en l'absence d'un autre féculent comme le riz ou le quinoa ou encore lorsque l'appétit le permet.

Certaines personnes ont du mal à digérer le pain ordinaire préparé avec de la levure de boulanger ; elles tolèrent parfois mieux le pain au levain. Pourquoi ? Parce que le levain stimule la production de bactéries utiles, lesquelles prédigèrent, en quelque sorte, une partie du gluten, ce qui favorise la tolérance.

LE GLUTEN EST-IL VRAIMENT NOCIF?

La guerre au gluten bat son plein! Les régimes populaires du moment, qu'il s'agisse du régime paléolithique, du Grain Brain ou encore du régime hypotoxique, interdisent le gluten sous toutes ses formes. Si bien que les aliments dits «sans gluten» se sont multipliés et qu'ils représentent un marché de plusieurs milliards par année.

Pourquoi mettre tout le monde dans le même panier? Il serait préférable de ne pas généraliser le problème. Les statistiques médicales sont claires: 1 personne sur 100 souffre de la **maladie cœliaque**, c'est-à-dire une grave intolérance au gluten. Dans ce cas précis, la personne doit éliminer pour la vie toute trace de gluten de son alimentation et de sa médication, sinon elle s'expose à de sérieux problèmes de malabsorption et autres complications.

Par ailleurs, l'incidence de problèmes reliés au gluten a beaucoup augmenté depuis la Seconde Guerre mondiale, depuis la transformation du blé qui l'a rendu plus résistant aux intempéries. Des chercheurs dans le domaine évaluent maintenant qu'environ 3 personnes sur 100 seraient sensibles au gluten sans toutefois souffrir de la maladie cœliaque.

Il demeure évident que la grande majorité de la population tolère le gluten sans difficulté et que la guerre au gluten pour tous n'a pas sa raison d'être. Si vous soupçonnez une sensibilité au gluten, il vaut mieux consulter un médecin pour établir un diagnostic.

Chapitre 8

Le rôle du sel dans l'alimentation

Le sel a toujours occupé une place importante dans l'alimentation humaine. Il a contribué à conserver les aliments pendant des millénaires et fait l'objet de nombreuses négociations dans le monde pour la survie de l'humanité. Aujourd'hui, sa présence est suspecte et surveillée au milligramme près... Sans avoir à mener un sondage, je parie que vous avez délaissé la salière. Mais surprise! votre consommation totale de sel n'a peut-être pas diminué. Faut-il couper le sel en toute circonstance? Le sel a-t-il encore un rôle à jouer dans une alimentation saine?

Quand on parle de sel, on parle en fait du sodium, dont la consommation est parfois critiquable, mais absolument indispensable au bon fonctionnement du corps humain, rien de moins. De fait, le sodium maintient l'équilibre du niveau d'eau qui entoure chacune de nos cellules et collabore étroitement avec le potassium et le chlore. Il participe à la contraction musculaire et stabilise la contraction cardiaque. Il lutte contre la déshydratation lorsqu'il fait très chaud et que l'on transpire abondamment.

Il se retrouve au naturel dans plusieurs aliments. On l'ajoute aux boissons énergétiques telles que Gatorade ou Powerade et dans les boissons de réhydratation comme Gastrolyte (vers lesquelles on se tourne en cas de vomissements ou de gastro). En d'autres mots, le sodium a des fonctions vitales et personne ne peut s'en passer.

TROP DE SEL OU PAS ASSEZ?

On ne le répétera jamais assez: pris en excès, le sodium peut augmenter les risques d'AVC, de maladies cardiaques et de maladies rénales chez des personnes qui ont une pression artérielle élevée.

Ce que l'on entend moins souvent, c'est qu'une alimentation riche en potassium (grains entiers, poissons, produits laitiers, légumes et fruits) diminue l'effet nuisible du sodium. L'inverse s'applique également, ce qui veut dire qu'une alimentation pauvre en potassium accentue l'effet négatif du sodium sur la pression artérielle.

Autre point important: une réduction trop marquée de sodium peut entraîner des problèmes chez des personnes souffrant d'insuffisance cardiaque et de diabète et qui doivent prendre des diurétiques.

QUE FAUT-IL PENSER DU POIVRE?

Le poivre n'agit pas comme le sel dans l'organisme. Rose, blanc, gris, noir ou vert, il rehausse la saveur des plats sans nuire à la pression artérielle. Il stimule la sécrétion de sucs gastriques et ajoute du piquant au repas. Si, toutefois, vous avez des problèmes de reflux ou d'acidité gastrique, l'utilisation du poivre doit être limitée au même titre que toutes les épices à saveur forte (paprika, cumin, piment fort et cannelle).

COMMENT MANGER MOINS SALÉ ?

La consigne générale est de modérer sa consommation de sel (de sodium) pour retrouver la vraie saveur de vrais aliments. De fait, plusieurs personnes âgées respectent déjà cette consigne.

La teneur en sodium de certains aliments pourrait vous surprendre... Par exemple, un sandwich jambon-fromage renferme 1738 mg de sodium et un cornichon à l'aneth (moyen), 833 mg. Ainsi, une dose importante de sodium peut être ingérée en quelques bouchées.

Pour détecter la présence de sodium dans les aliments transformés, portez vos bonnes lunettes et consultez les étiquettes. Il est sage de limiter les aliments qui renferment plus de 500 mg de sodium par portion.

Valeur nutritive	
Pour 1 portion	
Teneur	% valeur quotidienne
Calories 70	
Lipides 2 g	**3 %**
saturés 1 g + trans 0 g	**5 %**
Cholestérol 5 mg	
Sodium 460 mg	**19 %**
Glucides 11 g	**4 %**
Fibres 3 g	**12 %**
Sucres 1 g	
Protéines 4 g	
Vitamine A 2 %	Vitamine C 10 %
Calcium 4 %	Fer 8 %

N'oubliez pas que la consommation d'aliments riches en potassium demeure l'outil le plus intéressant pour contrebalancer l'excès de sodium (voir « l'encadré « Aliments riches en potassium », page 148).

Quelques décisions moins salées...

Au restaurant, il n'y a aucune façon de vérifier la teneur en sel des aliments servis, sauf par l'intermédiaire de vos papilles. La solution réside donc au marché d'alimentation et dans votre cuisine! En vérifiant la quantité de sodium sur les étiquettes, vous franchissez la première étape importante dans la démarche.

ASTUCES POUR RÉDUIRE VOTRE CONSOMMATION DE SODIUM

- Favorisez les viandes et les volailles fraîches plutôt que les charcuteries.
- Donnez la priorité aux poissons frais ou congelés plutôt que fumés.
- Parmi les fromages, évitez les fromages à tartiner.
- Préparez des salsas de légumes et de fruits frais pour ajouter couleur et saveur à un plat de volaille ou de poisson et remplacer des marinades hyper-salées.
- Parmi les mets préparés congelés, prêts à manger, choisissez ceux qui renferment moins de 500 mg de sodium par portion.
- Optez pour des bouillons de poulet ou de légumes à teneur réduite en sodium.
- Choisissez les versions réduites en sodium de sauce soya ou de sauce tamari.
- Remplacez les noix salées par des noix nature ou grillées.
- Remplacez certains craquelins riches en sodium par des pitas de blé entier, grillés à la maison.
- Relevez la saveur d'un potage maison avec un filet de jus de citron au lieu d'utiliser la sempiternelle salière.

Pour la cuisson et les repas de tous les jours, amusez-vous avec des herbes fraîches ou séchées (basilic, menthe, persil, ciboulette, romarin, origan) et des épices (cari, cumin, cannelle, cardamome), du citron et de la lime, des vinaigres de vin ou de xérès plutôt que du sel.

QUE PENSER DES DIFFÉRENTS SELS SUR LE MARCHÉ?

Différents types de sel sont maintenant offerts dans les commerces. Qu'est-ce qui les distingue?

Le sel de table

Le sel de table, extrait des mines de sel, est raffiné et renferme des additifs pour conserver sa couleur et l'empêcher de «prendre en pain». Au Canada, il est obligatoirement enrichi d'iode afin de prévenir le goitre, un problème de la glande thyroïde associé à une carence en iode.

La fleur de sel, première récolte du sel de mer

L'eau de mer, étendue dans des bassins dans les champs, s'évapore sous l'effet du vent et du soleil. Cette évaporation permet au sel contenu dans l'eau de se cristalliser. La première récolte, faite à la main, procure un cristal différent, généralement plus croquant, que l'on appelle «fleur de sel». Les autres récoltes portent l'appellation de «sel de mer».

Le sel de mer

Bien qu'il soit naturel et renferme des micro-traces de minéraux et d'oligo-éléments comme du magnésium, du potassium et du calcium, c'est pour son goût fin et sa texture croquante qu'on le préfère au sel de table. Certains sels de mer sont enrichis d'iode. À vérifier sur l'étiquette.

NOTE

Tous ces sels renferment la même quantité de sodium, soit 2300 mg pour 1 c. à café.

LES SUBSTITUTS DE SEL SONT-ILS VRAIMENT UTILES?

Il existe sur le marché plusieurs substituts de sel dont la teneur en sodium varie d'un produit à l'autre. Votre choix va dépendre de votre condition et de vos goûts.

Herbamare Originale est un heureux mélange de sel de mer, de céleri, de poireau, de cresson, d'oignon, d'échalote, de persil, de livèche, d'ail, de basilic, de marjolaine, de romarin, de thym et de varech, tous de culture biologique. Cet assaisonnement renferme presque autant de sodium que le sel de table.

- 1 c. à café d'Herbamare renferme 2220 mg de sodium
- 1 c. à café de sel de table renferme 2300 mg de sodium

Mrs Dash ne contient aucune trace de sodium, mais ajoute de la saveur aux aliments grâce à de judicieux mélanges de légumes, de fines herbes et d'épices. Il existe différents mélanges de Mrs Dash pour rehausser le goût de différents plats : volaille, poisson, viande, etc.

- 1 c. à café renferme 0 mg de sodium

NoSalt et **Herbamare sans sodium** ne contiennent pas l'ombre d'un milligramme de sodium, mais ils sont préparés à base de chlorure du potassium, ce qui est contre-indiqué pour les personnes souffrant d'insuffisance rénale.

QUE PENSER DES ALIMENTS CUISINÉS OU PRÊTS-À-MANGER?

Transformés, très transformés, cuisinés par l'industrie, ces aliments passent régulièrement au crible. Pourquoi les mettre tous dans le même panier? Certains plats sont sains et savoureux et peuvent devenir de bons dépanneurs. D'autres renferment trop de gras, de sel ou de sucre et peuvent demeurer dans le comptoir.

Le premier réflexe à développer est de consulter la liste d'ingrédients et le tableau de la valeur nutritive. Lorsque les ingrédients ressemblent à ceux que vous utilisez en cuisine, c'est un bon point. Lorsque le tableau de la valeur nutritive indique une teneur intéressante en protéines et en fibres, mais faible en sodium, c'est un autre bon point.

UN PLAT PRÉPARÉ DEVIENT UN DÉPANNEUR VALABLE LORSQU'IL RENFERME, PAR PORTION :

- environ 20 g de protéines ;
- plus de 4 g de fibres alimentaires ;
- moins de 500 mg de sodium ;
- 0 gras trans.

Si le plat renferme moins 10 g de protéines et plus de 500 mg de sodium par portion, à oublier. S'il renferme au moins 15 g de protéines par portion, le compléter avec un morceau de fromage ou un yogourt pour dessert. S'il renferme moins de 3 g de fibres alimentaires, le compléter avec une salade verte, une portion additionnelle de légumes ou un fruit.

Chez le traiteur, l'étiquetage n'est pas toujours présent. Discuter avec le personnel pour en apprendre plus sur les méthodes de cuisson et sur la qualité des ingrédients choisis. Un repas nourrissant renferme :

- une bonne source de protéines, c'est-à-dire de 60 à 90 g (2 à 3 oz) de viande, de volaille ou de poisson, ou 190 g (1 tasse) de légumineuses ;
- suffisamment de fibres (sous forme de légumes colorés et de grains entiers).

COMMENT CONTREBALANCER LE SODIUM ?

Le potassium permet de déjouer l'hypertension en exerçant un effet inverse à celui du sodium. Pour rétablir l'équilibre sodium-potassium, garnissez votre assiette d'aliments riches en potassium.

ALIMENTS RICHES EN POTASSIUM

- Agrumes et jus d'agrumes : orange, pamplemousse et autres
- Banane
- Champignons, frais ou déshydratés
- Fruits à noyau : avocat, abricot, pêche et autres
- Fruits à pépins : melon, melon d'eau, pomme et autres
- Fruits secs : dattes, raisins, pruneaux et autres
- Herbes et épices
- Légumes : asperge, brocoli, carotte, courge, haricot vert, tomate
- Légumes à feuilles vertes : chou vert, épinard, laitue et autres
- Légumineuses : lentilles, haricots blancs, pois
- Persil et piment, frais ou déshydratés
- Poissons et mollusques, tels que morue, sardine, truite, thon, flétan, palourde, pétoncle
- Pomme de terre et patate douce
- Viande, rouge et blanche
- Yogourt

Pour rétablir l'équilibre sodium-potassium, voici quelques suggestions.

ASTUCES POUR AUGMENTER VOTRE CONSOMMATION DE POTASSIUM

- Privilégiez les grains entiers pour remplacer les produits céréaliers raffinés.
- Garnissez l'assiette de quelques feuilles de laitue ou d'épinards et laissez de côté les marinades et condiments salés.
- Pensez aux légumineuses, aux poissons frais et aux mollusques comme sources de protéines afin d'éliminer du menu certaines options trop salées (jambon, charcuterie, saumon et truite fumés). La viande et la volaille fraîches demeurent de bons choix.
- Comme produits laitiers, pensez d'abord au lait et au yogourt plutôt qu'aux fromages.
- Pour terminer le repas, misez sur les fruits riches en potassium, comme la banane, les melons, les oranges, et les fruits secs, comme les dattes, les pruneaux, les raisins, les figues, à la place des biscuits, pâtisseries et viennoiseries du commerce.
- Pour grignoter entre les repas, un fruit frais, quelques noix ou des graines de tournesol non salées, un mini-yogourt remplacent avantageusement les croustilles, craquelins et noix salées.

DES REPAS MOINS RICHES EN SODIUM ET PLUS RICHES EN POTASSIUM

Voici quelques exemples de changements à apporter à vos menus afin d'augmenter l'apport de potassium tout en réduisant l'apport de sodium. Les menus de la colonne de droite vous proposent une version améliorée de quelques déjeuners, dîners et soupers. Les aliments en *italique* augmentent l'apport de potassium.

MENUS RICHES EN SODIUM ET FAIBLES EN POTASSIUM	QUATRE DÉJEUNERS MOINS RICHES EN SODIUM ET PLUS RICHES EN POTASSIUM*
Bagel Saumon fumé Fromage à la crème léger Café ou infusion	Muffin anglais de *grains entiers* *Raisins* frais Ricotta *Jus d'orange* Café ou infusion
Œufs et saucisse Pommes de terre à déjeuner rissolées Rôtie de pain blanc Café ou infusion	Omelette aux *légumes* Rôtie de pain de *grains entiers* *Melon d'eau* Café ou infusion
Sandwich au fromage grillé avec pain blanc et bacon Café ou infusion	Rôties de pain de *grains entiers* avec *beurre d'arachides* naturel *Banane* Verre de *lait* ou café au *lait*
Céréales de type flocons de maïs avec lait (250 ml – 1 tasse) Café ou infusion	*Yogourt* avec *muesli* aux *amandes* et *graines de lin* *Abricots séchés* Café ou infusion

* Les menus de droite renferment moins de sodium et plus de potassium.

MENUS RICHES EN SODIUM ET FAIBLES EN POTASSIUM	QUATRE DÎNERS MOINS RICHES EN SODIUM ET PLUS RICHES EN POTASSIUM*
Sandwich jambon et fromage Croustilles style nacho nature Jus de légumes Biscuits aux brisures de chocolat	Sandwich poulet grillé, *épinards, tomates* *Brocoli et carotte* en crudités *Lait* *Fruits séchés* et *noix*
Pointe de pizza au fromage Chips ou autres croustilles Boisson gazeuse Biscuits secs	Quiche aux *épinards* *Tomates* et vinaigre balsamique Café au *lait* *Pêche*
Filet de poisson pané Sauce tartare Haricots italiens verts en conserve Riz blanc Biscuits à l'érable Café ou infusion	Filet de *tilapia* Filet d'huile d'olive et citron Haricots verts frais ou surgelés *Riz brun persillé* *Salade de fruits* Café ou infusion
Soupe-repas tonkinoise avec sauce soya Rouleau impérial et sauce au poisson Biscuits sablés Café ou infusion	Soupe-repas aux *lentilles, tomates* et *épinards* Pain de *son d'avoine* *Yogourt grec* et *kiwi* Café ou infusion

* Les menus de droite renferment moins de sodium et plus de potassium.

MENUS RICHES EN SODIUM ET FAIBLES EN POTASSIUM	QUATRE SOUPERS MOINS RICHES EN SODIUM ET PLUS RICHES EN POTASSIUM*
Soupe won ton Macaroni chinois Sauce soya régulière Biscuits chinois Thé ou infusion	Potage à la *courge* Sauté d'*edamames* ou de *tofu* et *légumes* Sauce soya réduite en sel *Mûres* ou *bleuets* Thé ou infusion
Salade César Spaghetti sauce à la viande Parmesan Pouding au caramel Thé ou infusion	Salade de *chou frisé* *Courge spaghetti* avec sauce aux *lentilles* Mozzarella *Yogourt grec* et *abricot* Thé ou infusion
Tourtière du commerce Petits pois en conserve Cornichons et ketchup Biscuits au beurre Thé ou infusion	Rôti de bœuf *Petits pois surgelés* *Pomme de terre* au four *Figue* Thé ou infusion
Salade grecque avec féta Cuisse de poulet avec la peau Sauce BBQ Frites Jell-O à l'orange Thé ou infusion	Salade *tomate*, mozzarella et basilic Cuisse de poulet sans peau Sauce au *yogourt* épicée Pita de *blé entier* *Orange* en quartiers Thé ou infusion

* Les menus de droite renferment moins de sodium et plus de potassium.

TROP DE POTASSIUM PEUT-IL CAUSER UN PROBLÈME?

Même si le potassium est un acteur important en ce qui concerne la transmission nerveuse, la contraction musculaire et le tonus vasculaire, en plus de prévenir les risques d'un excès de sodium, il peut y avoir des circonstances qui exigent de le limiter. Ces circonstances surviennent lorsque vos reins ne réussissent plus à gérer correctement le potassium. À ce moment, un excès ou un manque de potassium dans votre sang peut affecter les battements de votre cœur et provoquer un arrêt cardiaque.

Si vos analyses sanguines révèlent un taux anormal de potassium et qu'il s'agit d'une insuffisance rénale chronique (IRC), votre médecin peut déterminer s'il y a lieu de réduire ou non votre consommation de potassium, selon la gravité du problème. Par ailleurs, si vous êtes en **hémodialyse**, la restriction d'aliments riches en potassium est obligatoire pour assurer l'efficacité des traitements.

SANS SALIÈRE, OÙ TROUVER L'IODE?

Le sel de table est obligatoirement enrichi d'iode au Canada depuis 1924 pour prévenir les problèmes de goitre, fréquents à cette époque. Depuis ce temps, le sel iodé fournit 380 microgrammes (µg) d'iode par 1 c. à café.

Si vous mettez de côté le sel de table et que vous utilisez de nouveaux sels de mer non iodés, vous diminuez votre apport en iode, ce qui peut nuire au bon fonctionnement de la glande thyroïde. Or, un Canadien âgé sur quatre présente une légère carence en iode, et cette situation mérite notre attention.

L'objectif est d'atteindre 150 µg d'iode par jour sans retourner au sel iodé. Heureusement, il existe d'autres bonnes sources d'iode faciles à intégrer à votre alimentation! En voici la liste, relativement courte.

DES ALIMENTS SOURCES D'IODE

ALIMENT	PORTION	QUANTITÉ D'IODE (µg)
Poissons frais et fruits de mer	125 g (4 oz)	150
Lait 3,25 %, 2 % ou écrémé	250 ml (1 tasse)	52 à 62
Yogourt nature	175 g (¾ tasse)	58
Yogourt aux fruits	175 g (¾ tasse)	35
Fromage cottage	250 ml (1 tasse)	60
Noix de soya	60 g (¼ tasse)	60
Œufs cuits	2 gros	50
Haricots blancs, à œil noir, cuits	200 g (¾ tasse)	46 à 53
Pain de seigle, de blé entier, blanc	1 tranche	20

Chapitre 9

Encourager
les bons gras,
éloigner les mauvais

Les gras alimentaires font couler beaucoup d'encre depuis plus d'un demi-siècle. À l'heure actuelle, la guerre entre le beurre et la margarine a pris fin. Les gras trans industriels présents dans les aliments très transformés ont reçu un verdict de culpabilité. L'huile de coco est plus populaire que jamais, alors que l'huile de maïs est disparue des écrans radar. Pendant ce temps, les gras oméga-3 cumulent de bons points et l'huile d'olive demeure une valeur sûre.

On ne peut se passer d'une certaine quantité de gras pour être en santé, mais pas n'importe quel gras. Un *bon* gras contribue au fonctionnement adéquat de notre organisme, tandis qu'un *mauvais* gras cause des ennuis. C'est aussi simple que ça. Dans ce chapitre, faisons un tour du marché des gras pour vous permettre d'encourager les *bons* et d'éloigner les *mauvais*.

À PART L'HUILE D'OLIVE, QUELS SONT LES AUTRES BONS GRAS?

L'huile d'olive occupe toujours le premier rang parmi les huiles intéressantes pour la santé. Reine de la diète méditerranéenne, elle a conquis le marché mondial non seulement pour sa saveur, mais aussi pour ses qualités nutritionnelles. Composée en grande partie de gras relativement stables sous l'effet de la chaleur, elle ne cesse d'émerveiller les chercheurs, qui y découvrent de nouveaux éléments protecteurs pour le cœur, le système vasculaire, le foie, et j'en passe. Analysée sous toutes ses coutures, l'huile d'olive renferme des **composés phénoliques** qui ont des vertus antioxydantes et anti-inflammatoires reconnues pour être bénéfiques pour le système cardiovasculaire. Pas surprenant qu'elle demeure un bon gras.

Quelle huile d'olive choisir et comment l'utiliser?

Parmi toutes les bouteilles offertes sur le marché, une huile d'olive «extra-vierge» renferme plus d'éléments protecteurs qu'une huile «vierge», parce qu'elle a été produite à une température moins élevée, tandis qu'une huile d'olive «à saveur légère» a été raffinée et a perdu beaucoup d'éléments intéressants.

L'huile d'olive extra-vierge peut être utilisée tant pour la cuisson que dans les vinaigrettes ou les sauces froides. Toutefois, une cuisson à feu doux est de loin préférable à une friture, qui détruit les qualités antioxydantes de l'huile et alourdit la digestion. L'utilisation de cette huile non chauffée demeure la meilleure façon d'en retirer le maximum d'éléments protecteurs. Un filet d'huile d'olive et de jus de citron sur un poisson ou des légumes cuits fait merveille.

D'autres bons gras

Les huiles de canola, de noisette et de sésame ont des qualités qui se rapprochent de celles de l'huile d'olive. Les noix, telles que les amandes, les pistaches, les noix de cajou, les noisettes, les noix du Brésil, les noix de macadam et les pacanes, de même que les arachides et le beurre d'arachides naturel, renferment aussi des bons gras qui protègent contre les maladies cardiovasculaires. L'avocat fait également partie de cette famille d'aliments riches en bons gras.

Bons gras et rétention cognitive

On a évalué les habitudes alimentaires de plusieurs milliers de femmes âgées. Cinq ans après cette première évaluation, on a observé une meilleure rétention cognitive et une meilleure mémoire verbale chez les femmes âgées qui consommaient régulièrement des bons gras comparativement à celles qui consommaient plus de mauvais gras.

**DEUX FAÇONS SIMPLES D'ENCOURAGER
LA CONSOMMATION DES BONS GRAS**

- Utilisez l'huile d'olive pour tout ou presque : cuisson à feu doux et vinaigrettes.
- Grignotez des noix ou des beurres de noix, y compris le beurre d'arachides naturel, plutôt que des biscuits ou des croustilles (voir la section sur les noix, page 127).

LES GRAS OMÉGA-3 SONT-ILS VRAIMENT DE BONS GRAS?

Les gras oméga-3 jouissent d'une réputation exceptionnelle! Ils se trouvent principalement dans la chair des poissons gras et leurs effets anti-inflammatoires sont dignes de mention. Sur le plan cardiovasculaire, ces gras ont fait leurs preuves pour stabiliser le rythme cardiaque et diminuer les risques de morts subites.

Sur le plan cognitif, les gras oméga-3 favorisent le bon fonctionnement de la matière blanche responsable des communications entre les neurones du cerveau; ils protègent ainsi la fonction cognitive. Pour vérifier ce lien de grande importance, des examens du cerveau ainsi que des analyses sanguines ont été effectués chez des personnes âgées et ils ont confirmé l'effet positif de la consommation régulière de poissons gras sur la fonction cognitive.

Sur le plan de l'humeur, les gras oméga-3 peuvent soulager des états dépressifs lorsqu'ils sont pris sous forme de suppléments seuls ou avec une médication appropriée. Les gras oméga-3 semblent être également bénéfiques dans le cas de l'arthrite, puisque tout ce qui agit contre l'inflammation contribue à diminuer la douleur.

En résumé, les gras oméga-3 font partie des bons gras à inclure au menu de façon régulière. Consultez le chapitre 7 pour enrichir vos idées de recettes de poisson.

QUELLE EST LA QUANTITÉ D'OMÉGA-3 RECOMMANDÉE ?

Les experts recommandent de prendre au moins deux repas de poissons gras par semaine afin de maintenir un niveau adéquat de gras oméga-3. Tous les poissons renferment des gras oméga-3, mais certains en renferment plus que d'autres. Frais ou en conserve, les poissons suivants sont particulièrement riches en oméga-3 :

- le corégone ;
- l'esturgeon ;
- le hareng ;
- le maquereau ;
- la morue charbonnière (aussi appelée morue noire) ;
- la sardine ;
- le saumon de l'Atlantique ;
- le saumon du Pacifique, frais et en conserve ;
- le touladi (aussi appelé truite grise).

Suivent de près d'autres poissons et fruits de mer :

- le bar blanc (aussi appelé bar rayé) ;
- le bar d'Amérique (aussi appelé loup de mer) ;
- la carpe ;
- la crevette nordique ;
- l'éperlan ;
- l'huître ;
- le merlu ;
- l'omble chevalier ;
- le pompano ;
- le sébaste.

À PART LE POISSON, QUELLES SONT LES AUTRES SOURCES DE GRAS OMÉGA-3 ?

Quelques aliments d'origine végétale riches en gras renferment des gras oméga-3. Ces aliments peuvent rendre service aux végétaliens, aux personnes qui n'aiment pas le poisson et les fruits de mer ou y sont allergiques. Ces aliments demeurent des sources de «bons gras» à incorporer au menu le plus souvent possible.

LES MEILLEURES SOURCES VÉGÉTALES ET AUTRES SOURCES DE GRAS OMÉGA-3

- Les **graines de chanvre**
- Les graines de chia
- Les graines de lin moulues
- L'huile de lin
- L'huile de noix
- Les noix de Grenoble
- L'œuf oméga-3
- Le soya : edamames, fèves cuites, fèves rôties
- Le tofu ferme

Graines de chia

Graines de lin

Graines de chanvre

QUE PENSER DES SUPPLÉMENTS D'OMÉGA-3 ?

Les suppléments d'oméga-3 vendus en pharmacie peuvent être utiles :

- si vous n'arrivez pas à manger deux repas de poissons gras par semaine ;
- si vous devez prendre une dose importante de ces gras pour réduire un taux élevé de triglycérides dans votre sang (constaté par analyse sanguine) ;
- si vous êtes déprimé et que vous souhaitez améliorer votre humeur avec ou sans antidépresseur.

Quelle est la dose à prendre ? Celle-ci dépend de votre intention. Il vous faut consulter avec beaucoup d'attention l'étiquette d'un supplément d'oméga-3. Voici quelques conseils.

LA BONNE DOSE D'OMÉGA-3

1. **Pour remplacer deux repas de poissons gras par semaine**
   Choisissez un produit qui vous procure 1 g d'oméga-3 par jour d'une combinaison d'<u>EPA</u> et de <u>DHA</u>.

2. **Pour diminuer un taux élevé de triglycérides dans le sang**
   On suggère une dose de 2 à 4 g par jour d'une combinaison d'EPA et de DHA.

3. **Pour alléger des problèmes d'humeur**
   Recherchez une gélule qui fournit plus d'EPA que de DHA et prenez une dose qui vous donne 1 g d'EPA par jour.

4. **Pour dénouer certaines articulations**
   Recherchez une gélule offrant une combinaison d'EPA et de DHA de 1 g par jour.

FAUT-IL BANNIR LES GRAS SATURÉS ?

Impossible de parler des différents gras alimentaires sans parler des gras saturés présents dans les viandes et certains produits laitiers. Ces gras sont jugés nocifs parce qu'ils augmentent le mauvais cholestérol dans le sang.

Les charcuteries et les saucisses, les crèmes, qu'elles soient glacées ou à fouetter, et le beurre figurent parmi les aliments les plus riches en gras saturés. Suivent les viandes rouges, les fromages, la noix de coco et l'huile de coco.

Les gras saturés et l'inflammation

Lorsque l'on compare l'effet des différents gras sur les marqueurs internes d'inflammation, on constate que les gras saturés provoquent l'augmentation de ces marqueurs, contrairement aux gras oméga-3 qui ont des effets anti-inflammatoires. Une alimentation riche en gras saturés entraîne donc la formation de marqueurs d'inflammation qui augmentent les risques de maladies chroniques. Plus il y a de gras saturés dans l'assiette, plus on favorise l'inflammation, et plus il y a de petites réactions inflammatoires silencieuses, plus on accélère le processus du vieillissement.

Retenons qu'il n'est pas nécessaire d'éviter tous les gras saturés dans son alimentation (et il serait assez difficile de le faire), mais il est bénéfique de les limiter et d'intégrer un apport régulier de *bons* gras.

LE BEURRE : DOUX, DEMI-SEL, LÉGER OU SALÉ ?

On trouve différents beurres sur le marché. Ils sont tous riches en gras saturés.

- Le **beurre doux**, ou non salé, ne contient pas de sel. Il se conserve moins longtemps que le beurre salé, mais il permet de diminuer la quantité de sel au menu.
- Le **beurre demi-sel** est moins salé que le beurre ordinaire.
- Le **beurre léger**, auquel on a ajouté de l'eau et de l'air, renferme environ 25 % moins de gras que le beurre ordinaire. Il peut être salé ou pas. On l'utilise plutôt froid pour tartiner pains et craquelins, car, en raison de son contenu en eau, il se prête moins bien à la cuisson.

TYPE DE BEURRE (10 g – 2 c. à café)	CALORIES	LIPIDES (g)	GRAS SATURÉS (g)	SODIUM (mg)
Ordinaire	72	8	5,1	58
Léger salé	50	5,5	3,4	45
Demi-sel	72	8	5,1	35
Léger non salé	50	5,5	3,4	4
Doux	72	8	5,1	1

L'HUILE DE NOIX DE COCO, BONNE OU MAUVAISE POUR LA SANTÉ ?

J'enduisais mon corps d'huile de coco pour attirer les rayons solaires lorsque j'étais adolescente. Les années ont passé… Je n'ai jamais eu recours à nouveau à cette huile, ni sur ma peau ni dans ma cuisine. Mais la voilà qui réapparaît à la table des chefs et des vedettes, ce qui soulève une foule de questions.

L'huile de noix de coco est une source de gras saturés tropicaux jugés jusqu'à maintenant défavorables à la santé cardiovasculaire. Elle a fait l'objet de peu de recherches crédibles. Parmi celles-ci, quelques chercheurs mentionnent les bénéfices possibles d'antioxydants présents dans une huile de noix de coco «vierge», mais émettent de sérieuses réserves sur les effets de l'huile de coco «raffinée» ou partiellement hydrogénée.

Jusqu'à preuve du contraire, l'huile de coco vierge, qui peut se révéler savoureuse dans un plat asiatique, ne devrait pas remplacer une bonne huile d'olive dans la cuisine de tous les jours.

POURQUOI CERTAINS GRAS TRANS SONT-ILS MAUVAIS POUR LA SANTÉ?

Certains gras trans sont produits par l'industrie alimentaire pour transformer une huile liquide en un gras solide. Ce processus chimique, développé à la fin des années 1940, a permis la fabrication de gras «éternellement» stables, genre margarines dures, fritures et produits de boulangerie fabriqués avec du shortening. Or, ces gras qui n'avaient jamais existé dans la nature augmentent les risques de maladies cardiaques selon des preuves scientifiques irréfutables. Ils nuisent à la santé en général.

Face à cette situation, le gouvernement canadien a mis de l'avant, en 2004, une série de mesures visant à remplacer ces graisses trans artificielles dans l'alimentation des Canadiens : groupes d'experts, recommandations de normes, travaux avec l'industrie alimentaire, étiquetage obligatoire, programmes de surveillance, etc. Toutes ces mesures ont porté leurs fruits puisque la consommation de gras trans a diminué de 40 % de 2005 à 2009 et cette diminution se poursuit. Même si progrès il y a, la guerre à ces mauvais gras n'est pas terminée, car certains aliments renferment encore des gras trans, comme les faux fromages (sans produits laitiers), les mélanges à glaçage de gâteau, les shortenings et certains biscuits de restaurant.

Dans les restaurants et cafétérias, méfiez-vous des frites et autres fritures et des produits de boulangerie. Ces gras qui se retrouvent dans des aliments hyper-transformés sont mauvais pour la santé.

COMMENT DÉTECTER LA PRÉSENCE DES MAUVAIS GRAS TRANS?

Au marché d'alimentation, vous pouvez déceler la présence de mauvais gras en vérifiant deux choses:

1. Dans le tableau de la valeur nutritive, recherchez la quantité de gras trans inscrite juste sous celle des gras saturés.
2. Dans la liste d'ingrédients, recherchez la mention d'un gras ou d'une huile *hydrogénés,* car ceux-ci sous-entendent la présence d'une petite quantité de gras trans.

Il peut arriver que la présence de gras trans n'apparaisse pas dans le tableau de la valeur nutritive, mais qu'elle se vérifie dans la liste d'ingrédients, ce qui est malheureusement permis d'un point de vue légal.

Valeur nutritive	
par 175 g	
Teneur	% valeur quotidienne
Calories 130	
Lipides 0,5 g	1 %
saturés 0,3 g + trans 0 g	2 %
Cholestérol 4 mg	
Sodium 125 mg	5 %
Glucides 26 g	8 %
Fibres 0 g	0 %
Sucres 26 g	
Protéines 8 g	
Vitamine A 8 %	Vitamine C 4 %
Calcium 25 %	Fer 0 %

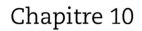

Chapitre 10

Le dossier complexe du sucre

Le sucre est-il nécessaire pour bien vieillir? Question piège, je l'admets! Après le tour du marché des gras, de celui du sel, nous voilà rendus à celui du sucre. De prime abord, c'est le dossier le plus compliqué de tous. Comment s'y retrouver parmi une foule d'appellations diverses? De quoi est-il vraiment question: du sucre naturel, du sucre ajouté, du sucre libre, du sucre naturellement présent, du sucre caché, des glucides? Que signifient les 50 g de sucre quotidiens permis par l'Organisation mondiale de la santé (OMS) ou encore la limite des 10 % des calories? Puis vient la question de l'attachement à la douceur des aliments sucrés: sujet assez délicat, merci!

Ajoutons un pavé dans la mare: qu'il soit caché, ajouté ou naturel, le sucre ne joue AUCUN rôle vital dans l'organisme. De plus, lorsqu'on vieillit, la tolérance au sucre diminue naturellement; le corps gère moins bien sa présence et l'incidence du diabète augmente à un rythme effarant. De fait, le sucre déjoue les réactions normales de l'organisme et cause de plus en plus de problèmes. Moins il s'en trouve au menu, mieux nous nous portons.

SUCRE NATURELLEMENT PRÉSENT, SUCRE LIBRE, SUCRE AJOUTÉ OU CACHÉ?

Clarifions d'abord la confusion engendrée par l'utilisation de plusieurs termes.

Le sucre naturellement présent

Dans une pomme, on trouve du fructose, soit une forme de sucre. Dans un verre de lait, on trouve du lactose, une autre forme de sucre. Or, ces sucres font partie de ces aliments depuis la nuit des temps. De plus, ils ne sont pas seuls dans l'aliment; ils sont entourés d'éléments nutritifs ou de fibres alimentaires qui modulent leur absorption et ne provoquent pas de réactions fâcheuses, sauf chez ceux qui manifestent une intolérance au lactose ou au fructose.

Le sucre libre

Dans un jus de fruit, on trouve un «fruit dépourvu de fibres» et du sucre «libre». Ce sucre libre sollicite rapidement l'insuline, soit une réaction défavorable à la santé.

Le sucre caché ou ajouté

On ajoute à une foule d'aliments du commerce du sucre sous diverses formes (miel, mélasse, sirop de canne, de malt ou de maïs, fructose, saccharose, glucose, dextrose, maltose).

Dans plusieurs aliments de faible valeur nutritive, comme les boissons gazeuses et diverses confiseries, on trouve également du glucose-fructose. Ce sirop hyper-concentré est fabriqué par l'industrie alimentaire à partir du sirop de maïs et à meilleur compte que le sucre ordinaire. Consommé en grande quantité, il provoque une élévation des lipides sanguins (triglycérides et cholestérol), augmente les risques de diabète, cause de l'inflammation silencieuse et mine le travail du foie. On ne peut trouver plus dommageable pour la santé.

Ainsi, différents sucres provoquent différentes réactions. Plus on s'éloigne d'un sucre naturellement présent dans l'aliment, moins il y a de fibres dans l'aliment, plus on sollicite l'insuline et plus on augmente les risques de diabète.

QUELS SUCRES FAUT-IL ÉVITER?

L'OMS, Santé Canada, la Fondation des maladies du cœur et l'American Heart Association nous invitent tous à réduire notre consommation de sucres cachés, ajoutés ou libres. Malheureusement, il y a autant de consignes qu'il y a d'organismes… Retenons qu'il est important de réduire l'ensemble des sucres nuisibles, qu'ils soient ajoutés, cachés ou libres dans nos aliments. Oublions les chiffres et retirons de notre menu les aliments qui posent problème. Toute restriction de sucre sera bénéfique.

Premiers sur la liste noire : les boissons gazeuses, les boissons énergétiques, les boissons aux fruits, les boissons au café sucrées, les bonbons et les friandises qui sont riches en sucres cachés ou ajoutés.

Deuxièmes sur la liste : les aliments raffinés et sucrés qui prennent la place d'aliments plus nutritifs, comme les pâtisseries et les viennoiseries, les barres de céréales et les biscuits sucrés, le lait au chocolat, les yogourts et les desserts sucrés.

Finalement, une courte liste d'aliments pauvres en fibres, mais riches en sucres libres, comme les sirops, le miel, les jus de fruits et les jus faits à partir de concentrés. Malgré le fait qu'ils ont bonne réputation, ces aliments, consommés seuls ou en grande quantité, sollicitent rapidement l'insuline et bousillent l'équilibre de la glycémie.

UNE LISTE NOIRE D'ALIMENTS TRÈS SUCRÉS

ALIMENT	C. À CAFÉ DE SUCRE AJOUTÉ*
1 cannette de boisson gazeuse (355 ml)	10
1 grand café aromatisé du commerce	6 à 18
1 thé sucré, comme le chai latte	9
1 chocolat chaud du commerce	5 à 9
11 g (1 tasse) de pop-corn au caramel	28,5
1 barre de chocolat au lait	6 à 8
1 muffin triple chocolat du commerce	11
1 pâtisserie roulée à la cannelle glacée	11
250 ml (1 tasse) de certaines soupes du commerce	4
3 biscuits sablés	4
175 ml (¾ tasse) de céréales à déjeuner sucrées	3

* Les valeurs ne comprennent pas le sucre naturel des fruits ou du lait.

QUE PENSER DES NOUVEAUX SUCRES ?

Chaque saison semble nous apporter un nouveau sucre prétendument meilleur pour la santé. Que faut-il penser des sucres suivants ?

Le sirop de maïs à haute teneur en fructose

Ce sirop est fabriqué à partir de l'amidon de maïs, puis retravaillé pour augmenter la teneur en fructose. Plus sucré et moins cher que le sucre blanc, il est recherché par l'industrie alimentaire. Sa teneur élevée en fructose est inquiétante, car ce sucre cause des dérèglements métaboliques et augmente le risque de maladies cardiovasculaires. Sa présence apparaît sur la liste d'ingrédients sous l'appellation glucose-fructose dans les boissons gazeuses, certaines céréales à déjeuner et barres de céréales, certains pains, bonbons, gâteaux, biscuits, pâtisseries, crêpes, gaufres, condiments (ketchup, sauce, marinades, vinaigrettes) et certains yogourts aromatisés.

Le sirop d'agave

Extrait d'un cactus, ce sirop possède un pouvoir sucrant plus puissant que le sucre blanc. Riche en fructose, sa saveur et sa texture se comparent à celles du miel. Ce sirop d'agave cause toutefois des malaises aux personnes intolérantes au fructose. Il est surtout vendu en sirop comme un édulcorant naturel et remplace parfois le glucose-fructose dans des produits de boulangerie et des pâtisseries, des céréales à déjeuner et barres de céréales, des boissons de soya, des condiments…

Le sirop de riz brun

Ce sirop est obtenu par la fermentation du riz brun et de l'orge. Son pouvoir sucrant est moins puissant que celui du sucre blanc et son index glycémique demeure élevé. Son goût se rapproche de celui du caramel, mais sa teneur en arsenic suscite des inquiétudes.

Le chocolat : bon ou mauvais ?

Qui peut résister à un ou deux carrés de chocolat noir ? Quoi de mieux pour remonter le moral et aider à contourner un dessert hyper-sucré ! Son effet sur l'humeur semble relié à la teneur en magnésium et en tryptophane du cacao. De plus, le cacao renferme des fibres, des flavonoïdes et des antioxydants qui ne nuisent pas au système cardiovasculaire comparativement à d'autres sucreries. Mais attention ! Le chocolat vient avec du gras, du sucre et des calories… Il demeure un aliment plaisir et non un aliment irremplaçable.

LES SUBSTITUTS DE SUCRE SONT-ILS BONS OU NUISIBLES ?

Je n'ai jamais encouragé les faux sucres, mais je n'avais pas d'argument béton ; mon opinion se fondait sur une intuition. J'ai déploré la multiplication des aliments sucrés avec ces faux sucres. J'ai aussi souligné le paradoxe qui existe entre l'utilisation importante des faux sucres et l'incidence plus élevée d'obésité et de diabète en Amérique.

Or voilà que, récemment, des chercheurs d'Israël ont trouvé la clé de ce paradoxe et dévoilé les effets néfastes de ces substituts. Leur recherche démontre que, même utilisés dans des doses jugées acceptables par les autorités, dont la **Food and Drug Administration (FDA)**, les substituts de sucre (aspartame, sucralose et saccharine) causent l'intolérance au glucose et mènent à l'obésité. Ils expliquent le phénomène par l'action de ces faux sucres sur la composition de la flore bactérienne (microbiote). En d'autres mots, ces substituts de sucre entraînent une intolérance au glucose, soit la première étape du diabète.

Les faux sucres demeurent donc une fausse piste pour tous ceux qui ont la dent sucrée. Ils n'ont jamais favorisé les pertes de poids souhaitées, bien au contraire…

COMMENT SE SEVRER LENTEMENT DU SUCRE?

Il est possible – et bénéfique – de se sevrer doucement mais sûrement de tous les sucres cachés, ajoutés ou libres. Et pas question d'annuler le plaisir de déguster d'autres aliments savoureux! Voici quelques astuces à mettre en pratique.

ASTUCES POUR VOUS SEVRER DU SUCRE

- Choisir des céréales à déjeuner qui renferment moins de 5 g de sucre ajouté par portion.
- Croquer dans des fruits frais plutôt que boire des jus.
- Privilégier le yogourt nature avec fruits frais ou quelques noix grillées plutôt que le yogourt aromatisé aux «confitures» de fruits.
- Essayer un mélange de yogourt nature et yogourt vanille, moitié-moitié, pour une saveur douce et légèrement sucrée.
- Terminer le repas avec un fruit frais servi autrement: pomme coupée en quartiers accompagnée d'une datte medjool, poire taillée en sections avec quelques amandes grillées ou orange coupée en fines tranches et saupoudrée de noix de coco.
- Réduire les quantités de sucre suggérées dans certaines recettes de desserts – remplacer une partie du sucre par de la purée de fruits (pommes, bananes, dattes).
- Aromatiser l'eau plate ou pétillante avec des tranches de citron, d'orange et quelques feuilles de menthe.
- Diminuer graduellement le sucre ajouté au thé ou au café.
- Remplacer le café sucré par un *latte*, moitié café, moitié lait.
- Oublier les faux sucres. Mieux vaut apprendre à dompter sa dent sucrée que de s'abonner à des succédanés.

COMMENT CONNAÎTRE LA TENEUR EN SUCRE D'UN ALIMENT?

La nouvelle réglementation proposée par Santé Canada impose un regroupement des ingrédients «sucrés» sur les étiquettes. On y trouve, entre parenthèses et suivant le mot «Sucres», tous les types de sucres (comme le sucre, le glucose-fructose, le sirop, le miel et la mélasse de fantaisie) qui entrent dans la fabrication de l'aliment. Lorsque ce regroupement des ingrédients sucrés occupe la première place dans la liste des ingrédients, on peut conclure que l'aliment contient une quantité importante de sucres.

Exemple :

ACTUELLEMENT

INGRÉDIENTS: FARINE DE BLÉ, MÉLASSE QUALITÉ FANTAISIE, SHORTENING D'HUILE VÉGÉTALE (HUILE DE SOYA ET/OU HUILE DE CANOLA ET HUILE DE PALME MODIFIÉE) CASSONADE, ŒUFS ENTIERS LIQUIDES, SUCRE, SEL, BICARBONATE DE SODIUM, ÉPICES, COLORANT CONTIENT: BLÉ, ŒUFS, SOYA

SELON LA PROPOSITION

Ingrédients

Sucres (mélasse qualité fantaisie, cassonade, sucre) • Farine de blé • Shortening d'huile végétale (huile de soya et/ou huile de canola et huile de palme modifiée) • Œufs entiers liquides • Sel • Bicarbonate de sodium • Épices • Colorant Contient : Blé • Œufs • Soya

Le tableau de la valeur nutritive indiquera le nombre de grammes de sucres ajoutés, ce qui permettra de les différencier des sucres naturellement présents dans les aliments.

Exemple :

Carbohydrate / Glucides 23 g

Total Sugars / Sucres totaux 18 g   **18 %**

Added Sugars / Sucres ajoutés 12 g

Chapitre 11

L'eau,
source de vie

L'eau intervient dans toutes les réactions

de l'organisme, de la régulation de la température corporelle à la digestion des aliments et à l'élimination des déchets. Un apport constant doit
être maintenu, car nos réserves baissent plus rapidement à 70 ans qu'à
20 ans ; par conséquent, les risques de déshydratation augmentent. Or,
la déshydratation doit être évitée à tout prix, car elle cause plusieurs ennuis : fatigue, maux de tête, crampes musculaires. Elle peut aussi nuire à
la fonction cognitive, à l'humeur, à la concentration ou à la mémoire.

On recommande aux femmes de boire environ huit verres de liquide
par jour pour éviter de tels problèmes : eau fraîche, lait, thé, café, tisane,
bouillon. Un bon apport de fruits et de légumes riches en eau représente
l'équivalent de deux verres sur huit. Les hommes doivent faire encore
mieux, puisqu'ils ont des besoins plus élevés que les femmes.

Même si vous n'avez pas soif, il est important de boire un peu toute la
journée. Une excellente idée est d'avoir à la portée un verre ou une bouteille d'eau fraîche. Lorsqu'il fait très chaud, si vous pratiquez un sport,
il est encore plus important de boire. La même consigne s'applique si
vous faites de la fièvre ou souffrez de vomissements ou de diarrhée, car la
déshydratation peut vous mener aux soins intensifs. Par contre, si vous
souffrez d'une insuffisance cardiaque ou rénale, il est possible que
vous deviez limiter votre consommation de liquide.

EAU EN BOUTEILLE OU EAU DU ROBINET?

Qu'elle provienne du robinet ou qu'elle soit embouteillée, l'eau est soumise à de strictes normes d'hygiène. On trouve des quantités minimes de certains contaminants dans l'eau du robinet et des sous-produits du moulage de plastique dans certaines marques d'eau en bouteille. Rien n'est 100% pur; l'eau en bouteille n'est pas meilleure pour la santé que l'eau du robinet. Par ailleurs, l'eau en bouteille coûte beaucoup plus cher que l'eau du robinet et on estime que de 25 à 40% des bouteilles d'eau vendues au Québec contiennent tout simplement de l'eau du robinet filtrée ou traitée.

Du point de vue environnemental, l'eau en bouteille est un désastre. Des îles de déchets de plastique envahissent nos océans et le plastique dont sont faites les bouteilles met un siècle à se dégrader. À cela s'ajoute la pollution causée par la production des bouteilles et le transport de l'eau d'une région à une autre. Au Québec seulement, des centaines de milliers de bouteilles d'eau sont jetées chaque année. Le gouvernement envisage même d'imposer une consigne sur ces bouteilles.

Comme solution de rechange, procurez-vous une bouteille réutilisable. Vous pouvez également utiliser un filtre pour éliminer le goût de chlore de l'eau du robinet s'il vous incommode.

LAIT DE VACHE OU LAIT VÉGÉTAL?

Le lait de vache présente des atouts nutritionnels reconnus (protéines, calcium, potassium, vitamine D, vitamines du complexe B, etc.) et demeure une valeur sûre à tous les âges et à tout moment de la journée. Le lait de vache biologique a l'avantage de provenir de vaches nourries dans des pâturages bios et demeure exempt de résidus d'antibiotiques et de pesticides.

Par ailleurs, la mode du moment encourage la consommation de laits dits végétaux, comme la boisson de soya, la boisson de riz ou la boisson d'amande, de cajou, de coco... Mis à part la boisson de soya, qui demeure une option intéressante sur le plan nutritionnel, les autres laits végétaux sont loin d'être des choix intéressants, car ils ne renferment que très peu de protéines (10 fois moins que le lait de vache). Ils sont enrichis de quelques nutriments pour imiter le contenu du lait de vache (calcium, vitamines du complexe B, vitamine D). Les versions sucrées de ces laits végétaux (boisson d'amande ou de riz) renferment de 3 à 4 c. à café de sucre ajouté par portion de 250 ml (1 tasse), ce qui ne constitue pas un atout pour la santé.

VALEUR NUTRITIVE DES LAITS ET DES BOISSONS ALTERNATIVES (PORTION DE 250 ML – 1 TASSE)

	LAIT DE VACHE 1%	LAIT DE VACHE 1% SANS LACTOSE	BOISSON DE SOYA	BOISSON D'AMANDE	BOISSON DE NOIX DE COCO
CALORIES	110	110	100	60	50
LIPIDES (G)	2,5	2,5	4	3	7
GLUCIDES (G)	13	12	8	8	1
PROTÉINES (G)	9	9	7	1	0,4
VITAMINE D (% DE LA VALEUR QUOTIDIENNE*)	45	45	45	45	45
CALCIUM (% DE LA VALEUR QUOTIDIENNE*)	30	30	30	30	30
POTASSIUM (MG)	410	300	300	—	45

* La valeur quotidienne correspond à l'apport quotidien recommandé pour les personnes en santé.

LE CAFÉ, PERMIS OU INTERDIT ?

Une consommation modérée de café stimule l'esprit, réchauffe le cœur et peut même offrir quelques bénéfices santé. De fait, le café améliore certaines fonctions, dont la mémoire, et peut même retarder les baisses cognitives chez les personnes âgées. Il influence l'humeur, rend plus alerte, attentif et vigilant. Selon certaines études, il pourrait même réduire les risques de développer la maladie de Parkinson.

Le café n'a malheureusement pas que des effets positifs. Certaines personnes réagissent mal à la caféine et connaissent des épisodes d'agitation, d'anxiété, d'irritabilité, de tremblements musculaires, d'insomnie, de maux de tête et de rythme cardiaque anormal. Dans ces cas-là, mieux vaut s'abstenir d'en consommer ou limiter la dose. D'autres études notent qu'une consommation *non modérée* de café fort augmente les risques de maladies cardiovasculaires.

Le café demeure un excitant et peut avoir un effet diurétique. Il est sage de ne pas en boire après 16 h si l'on veut bénéficier d'un sommeil réparateur. Méfiez-vous également de la teneur en sucre des cafés aromatisés maintenant vendus un peu partout. Certains cafés aromatisés grand format offerts dans les restaurants peuvent renfermer beaucoup trop de sucre ajouté par portion !

THÉ VERT OU THÉ NOIR ?

Le thé est sorti de l'ombre du café lorsque des recherches ont dévoilé les bénéfices pour la santé de certaines de ses composantes. Le thé vert en particulier est reconnu pour ses pouvoirs antioxydants, ses propriétés anti-inflammatoires, antibactériennes, antivirales et même anticancéreuses, mais cette réputation est peut-être surfaite. Toutefois, les thés noir ou vert, tout comme le café, semblent améliorer certaines fonctions cognitives, dont la mémoire, et agir sur l'humeur.

Une consommation de deux ou trois tasses de thé par jour semble acceptable. Si vous éprouvez des problèmes de sommeil, vaut mieux boire le thé en début de journée, car la teneur en caféine du thé peut devenir problématique. À noter que les tanins du thé noir en particulier nuisent à l'absorption du fer et du calcium. Il est donc préférable de savourer ce thé une heure avant ou après le repas.

LA PAUSE THÉ

Pour le plaisir d'une bonne boisson chaude, laisser les feuilles ou le sachet de thé infuser pendant environ deux minutes dans une eau bien chaude mais non brûlante. Boire le thé fraîchement infusé.

Pour retirer le maximum d'éléments antioxydants d'un thé vert, laisser infuser les feuilles ou le sachet environ huit minutes et boire le thé fraîchement infusé.

LE VIN ROUGE, UN LUXE OU UN ATOUT?

Parmi les boissons alcoolisées, le vin rouge a un statut particulier. Il est reconnu par les experts comme source de **polyphénols** au même titre que les fruits, les légumes, les grains entiers, les légumineuses et l'huile d'olive. Il occupe même une place dans la liste des aliments de base de la diète méditerranéenne.

Les polyphénols ont des pouvoirs anti-inflammatoires qui sont cardio-protecteurs. D'autres données scientifiques établissent un lien entre les polyphénols du vin et des effets favorables sur la santé mentale. Aucune autre boisson alcoolisée ne peut en dire autant. Et ces polyphénols sont 10 fois plus abondants dans le vin rouge que dans le vin blanc.

Ainsi, si vous aimez le vin, qu'il soit rouge ou blanc, vous avez le feu vert, mais à certaines conditions.

POUR PROFITER PLEINEMENT DES EFFETS POSITIFS DU VIN

- Éviter le verre de vin à jeun.
- Prendre le vin au repas parce qu'il est alors mieux toléré pour la glycémie, l'énergie et la santé.
- Accompagner le verre de vin d'un verre d'eau, car le vin déshydrate.
- Encourager les autres sources de polyphénols: fruits, légumes, grains entiers, noix et légumineuses.
- Limiter la consommation à deux verres par jour pour un homme et un verre par jour pour une femme (un verre équivaut à 125 ml – 4 oz).

En prime, le verre de vin stimule l'appétit, neutralise les tensions et facilite la conversation! Il constitue à la fois un luxe et un atout.

QUE PENSER DE LA BIÈRE?

Il y a une grande famille de bières dans notre environnement: des blondes, des rousses, des brunes, des légères, des sans alcool et même des sans gluten. Saviez-vous que la couleur de la bière renseigne sur sa teneur en polyphénols? Saviez-vous que plus elle est foncée, plus elle est riche en antioxydants?

La bière ne se compare pas au vin sur le plan nutritif, même si elle renferme de petites quantités de vitamines du complexe B et qu'elle semble avoir un effet bénéfique sur le bon cholestérol. Certaines bières légères ne contiennent que 2 g de glucides et peu de calories. Par contre, une bouteille de bière régulière (341 ml – 12 oz) renferme beaucoup plus de glucides et de calories qu'un verre de vin.

Quelle que soit la couleur de la bière consommée, c'est la quantité qui fait le larron! En effet, une consommation qui dépasse deux ou trois verres de bière par jour laisse des traces autour de la ceinture et sur le pèse-personne, ce qui est tout le contraire d'une démarche santé.

Chapitre 12

Le rôle
des suppléments
de vitamines

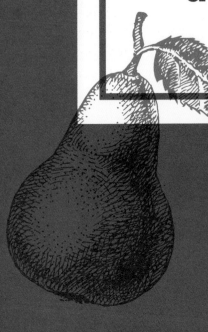

Faut-il oui ou non prendre des suppléments vitaminiques? Voilà une question qui reste souvent sans réponse. Certains experts déclarent que les suppléments de vitamines sont inutiles pour prévenir les maladies cardiovasculaires ou le cancer, et je suis presque d'accord avec eux. Je ne considère pas les suppléments comme un outil de prévention de maladies graves, mais comme une solution pratique pour compenser une alimentation déficitaire. Dans le cas des personnes âgées, j'estime que les suppléments ont un rôle à jouer comme complément nutritionnel pour limiter les carences en vitamines et en minéraux.

Une étude pancanadienne menée il y a quelques années a révélé que 35 % des Canadiens de 65 ans et plus vivant à domicile présentent un risque nutritionnel. Ce pourcentage augmente à 60 % lorsque les personnes âgées sont déprimées. Or, un risque nutritionnel mène vers la malnutrition et un état de santé fragile.

Plusieurs personnes âgées n'arrivent pas à manger suffisamment et ne comblent pas tous leurs besoins nutritionnels: 1 personne âgée sur 10 souffre d'anémie. Jusqu'à 20 % des personnes âgées manquent de vitamine B_{12}. Et la liste des carences ne s'arrête pas là. Malgré le fait que 60 % des adultes nord-américains prennent déjà un supplément quelconque, je ne suis pas certaine que les personnes ayant de vrais déficits alimentaires soient celles qui prennent les bons suppléments au bon moment...

QUE PENSER DES MULTIVITAMINES ET MINÉRAUX ?

Les multivitamines et minéraux ne remplaceront jamais une alimentation saine et variée. Mais hélas, l'alimentation saine et variée ne se retrouve pas souvent dans l'assiette des personnes âgées... Une multivitamine ne compensera jamais non plus le manque d'exercice, le tabagisme ou l'obésité. Elle n'aura pas d'effet positif sur la fonction cognitive ou la mémoire verbale ni sur la dégénérescence maculaire, selon des études menées sur plusieurs années.

Par ailleurs, les multivitamines et minéraux renferment une grande famille d'éléments nutritifs nécessaires au bon fonctionnement de l'organisme humain. Ils améliorent les niveaux sanguins des vitamines du complexe B, des vitamines A, C et E, favorisent une remontée des réserves de fer et de zinc et jouent un rôle d'assurance nutritionnelle pour le mieux-être des personnes âgées. Aucun risque de surdose, car les quantités de vitamines et de minéraux présentes tiennent compte des recommandations de la National Academy of Medicine[3].

QUE RECHERCHER DANS LES MULTIVITAMINES ET MINÉRAUX ?

Le marché des multivitamines a explosé au cours des dernières années et offre maintenant plusieurs options, dont une option adaptée aux 50 ans et plus. Voici quelques indications sur ce que l'on veut trouver dans un tel supplément.

Si vous avez de la difficulté à avaler un comprimé, certains suppléments de multivitamines sont disponibles sous forme croquable ou liquide.

---

3. La National Academy of Medicine regroupe des experts des États-Unis et du Canada qui établissent périodiquement les apports nutritionnels de référence pour les personnes en santé.

ÉLÉMENTS NUTRITIFS À RECHERCHER DANS LES MULTIVITAMINES ET MINÉRAUX

ÉLÉMENT NUTRITIF	RÔLES ET DOSAGE SUGGÉRÉ
Vitamine B_{12}	• Entretient les fonctions neurologiques, y compris la mémoire, et peut faire défaut chez les personnes âgées lorsqu'il y a une baisse de l'acidité gastrique ou une utilisation à long terme de médicaments antiacides et antireflux (Dexilant, Nexium, Losec, Prevacid, Pantoloc). **Rechercher au moins 25 μg par comprimé.**
Vitamine D	• Joue un rôle essentiel pour l'absorption du calcium et le bon fonctionnement de la parathyroïde. • N'est présente que dans très peu d'aliments. **Rechercher au moins 600 unités internationales (UI) par comprimé.**
Iode	• Est essentiel au bon fonctionnement de la glande thyroïde. • Peut faire défaut à la suite d'une restriction sévère de sel ou l'utilisation d'un sel non iodé. **Rechercher au moins 150 μg par comprimé.**
Vitamine K	• Est essentielle pour la calcification des os, la coagulation du sang et la santé des artères. • Peut faire défaut à la suite de traitements par antibiotiques, car elle est partiellement produite dans la microflore intestinale. **Rechercher au moins 25 μg par comprimé*.**
Zinc	• Joue un rôle crucial dans le maintien du goût et au chapitre de la cicatrisation des tissus. • L'alcool pris en excès peut nuire à son absorption et créer une déficience. **Rechercher au moins 7,5 mg par comprimé.**

* Les personnes qui prennent des anticoagulants doivent choisir une multivitamine sans vitamine K.

MULTIVITAMINE, SUPPLÉMENT D'UNE SEULE VITAMINE OU D'UN SEL MINÉRAL?

La multivitamine ratisse large. Elle couvre l'ensemble des besoins nutritionnels, tant en vitamines qu'en minéraux. Comme elle tient compte des quantités recommandées par la National Academy of Medicine, elle ne présente aucun risque de surdose. Elle peut rendre service à l'ensemble des personnes âgées et permet de compléter une alimentation déficitaire.

Par contre, un supplément d'une seule vitamine ou d'un seul minéral peut être utile dans des cas particuliers, par exemple:

- lorsque des analyses sanguines révèlent une carence en vitamine B_{12}. Un supplément de cette vitamine peut prévenir des problèmes neurologiques irréversibles;
- lorsqu'il y a anémie. La multivitamine ne suffit plus, dans ce cas, et un supplément de fer ou d'acide folique devient essentiel.

D'autres suppléments uniques peuvent combler des lacunes spécifiques. Il s'agit alors de déterminer le bon supplément et la dose appropriée avec l'aide d'un professionnel de la santé.

APPORT QUOTIDIEN RECOMMANDÉ POUR QUELQUES ÉLÉMENTS NUTRITIFS, SELON LE GROUPE D'ÂGE ET LE SEXE

	DE 50 À 71 ANS		APRÈS 71 ANS	
	HOMME	FEMME	HOMME	FEMME
VITAMINE B_{12}	2,4 µg	2,4 µg	2,4 µg	2,4 µg
VITAMINE D	600 UI	600 UI	800 UI	800 UI
VITAMINE K	120 µg	90 µg	120 µg	90 µg
IODE	150 µg	150 µg	150 µg	150 µg
ZINC	11 mg	8 mg	11 mg	8 mg
MAGNÉSIUM	420 mg	320 mg	420 mg	320 mg
FER	8 mg	8 mg	8 mg	8 mg

Source: National Academy of Medicine, 2006.

FAUT-IL PRENDRE UN SUPPLÉMENT DE CALCIUM ?

Une dose quotidienne et adéquate de calcium peut réduire les pertes osseuses, quel que soit votre âge. Ce calcium peut provenir des aliments ou d'un supplément. Le supplément de calcium ne devient nécessaire que lorsque l'alimentation quotidienne ne contient pas assez d'aliments riches en calcium. Par contre, le supplément est inutile si votre alimentation comble vos besoins.

Si vous mangez régulièrement et en quantité suffisante des aliments riches en calcium, oubliez l'idée de prendre un supplément. Par contre, si vous n'atteignez presque jamais l'apport de calcium requis, les pertes osseuses augmentent, s'accompagnant de risques de fractures accrus. La consigne est de maintenir un apport d'environ 1000 mg de calcium par jour. Si l'alimentation permet d'atteindre l'objectif, le supplément est inutile ; dans le cas contraire, le supplément est utile.

OÙ TROUVER LA BONNE DOSE DE CALCIUM ?

DONNE PLUS DE 300 mg DE CALCIUM PAR PORTION

- 250 ml (1 tasse) de lait de vache, de lait de chèvre
- 250 ml (1 tasse) de boisson de soya enrichie ou de jus d'orange enrichi de calcium
- 90 g (3 oz) de sardines
- 50 g (2 oz) de fromage ferme (cheddar, gruyère, suisse, brick ou mozzarella partiellement écrémé)
- 25 g (¼ tasse) de poudre de lait

DONNE DE 200 À 300 mg DE CALCIUM PAR PORTION

- 90 g (3 oz) de maquereau, de saumon rose ou de saumon sockeye en conserve, avec arêtes
- 90 g (3 oz) de tofu soyeux ferme ou de tofu régulier coagulé avec calcium
- 125 ml (½ tasse) de yogourt nature ou de yogourt de chèvre
- 125 ml (½ tasse) de ricotta
- 25 g (¼ tasse) de parmesan râpé
- 50 g (2 oz) de mozzarella régulier

DONNE DE 100 À 200 mg DE CALCIUM PAR PORTION

- 90 g (3 oz) de tofu soyeux ferme ou tofu régulier coagulé avec magnésium
- 90 g (3 oz) de hareng en conserve, avec arêtes
- 70 g (½ tasse) de légumineuses cuites (haricots blancs, haricots rouges ou haricots de soya)
- 15 g (½ tasse) de légumes cuits (feuilles de navet, feuilles de betterave ou épinards)
- 1 c. à soupe de graines de sésame entières ou de graines de pavot
- 1 c. à soupe de mélasse verte ou «blackstrap» (vendue dans les boutiques d'aliments naturels) ou de mélasse noire
- 125 ml (½ tasse) de kéfir nature
- 30 g (1 oz) de féta
- 50 g (2 oz) de camembert
- 125 ml (½ tasse) de yogourt surgelé ou de crème glacée

LES SUPPLÉMENTS DE CALCIUM AUGMENTENT-ILS LES RISQUES D'INFARCTUS?

En 2010, quelques chercheurs de la Nouvelle-Zélande ont fait la manchette dans le monde entier en reliant les suppléments de calcium à une augmentation des risques d'infarctus. Leur conclusion n'était toutefois pas fondée sur des études cliniques appropriées. À l'été 2014, d'autres scientifiques ont publié les résultats d'une analyse de 18 études ayant mesuré les effets de suppléments de calcium sur la santé cardiovasculaire; ces chercheurs n'ont pu relier le calcium et le risque d'infarctus. Le dossier n'est pas clos, mais il ne concerne que les effets possibles des suppléments de calcium et non les aliments riches en calcium.

Cette malheureuse controverse a toutefois eu le mérite d'alimenter la réflexion:

- sur l'inutilité de quantités élevées de calcium lorsque la consommation d'aliments riches en calcium permet de combler la totalité ou une bonne partie des besoins quotidiens;
- sur la nécessité de limiter la quantité de calcium à prendre en suppléments lorsqu'il y a insuffisance rénale ou traitement d'hémodialyse.

Avant d'investir dans un supplément, il est préférable de faire le bilan de votre consommation quotidienne de calcium, car il n'y a aucun avantage à dépasser 1000 mg par jour.

COMMENT RÉDUIRE LE RISQUE RÉEL DE FRACTURES?

L'ostéoporose augmente les risques de fractures non seulement à cause d'une perte de la densité osseuse, mais aussi à cause d'une baisse de la qualité et de la force de l'os. À l'heure actuelle, on ne mesure que la densité osseuse pour évaluer les risques de fractures alors qu'il existe d'autres facteurs de risque reconnus qu'on appelle facteurs de risque cliniques non squelettiques. En fait, plus de la moitié des femmes âgées qui subissent une fracture ne souffrent pas d'ostéoporose selon les critères établis il y a 30 ans par l'Organisation mondiale de la santé. Lorsqu'ils sont bien identifiés, ces facteurs de risque permettent de définir une démarche plus globale de prévention.

Pour prévenir les fractures d'une façon plus globale, il est sage de tenir compte des autres éléments complices.

À SURVEILLER DE PRÈS POUR PRÉVENIR LES FRACTURES

- Une baisse de la vision.
- Des pertes d'équilibre qui mènent à des chutes involontaires.
- La prise de médicaments à base de cortisone.
- Des thérapies antiandrogènes ou antiœstrogènes.
- Une insuffisance rénale chronique.

COMMENT FAVORISER UN GAIN DE TISSU OSSEUX?

Il y a toute une différence entre réduire les pertes osseuses et favoriser une croissance osseuse! Un apport adéquat de calcium, dans votre alimentation ou par un supplément, ralentit ou réduit les pertes osseuses. Par ailleurs, une consommation régulière d'aliments riches en protéines favorise la croissance de tissu osseux.

En d'autres mots, une consommation adéquate et régulière de protéines augmente l'efficacité du calcium dans le tissu osseux. Cette observation presque inédite provient d'un éminent chercheur en ostéoporose, le Dr Robert Heaney, et découle d'une nouvelle analyse de données de recherches.

La quantité de protéines requise pour favoriser un gain du tissu osseux équivaut à la consigne des 20 à 30 g de protéines par repas. De cette façon, les protéines consommées en quantité adéquate à chaque repas travaillent à la fois pour la masse musculaire et pour le tissu osseux.

Pour savoir comment ajouter des protéines à votre alimentation, consultez le chapitre 3.

LE MOT DE LA FAIM

Que faut-il retenir de l'information présentée dans les pages qui précèdent? Un menu pour les 65 ans et plus mise sur la vitalité des meilleurs aliments et met en pratique les stratégies gagnantes que vous trouverez ci-dessous.

STRATÉGIES GAGNANTES POUR SE MAINTENIR EN BONNE SANTÉ APRÈS 65 ANS

✔ Évitez de perdre du poids sans bonne raison médicale... Un peu de rondeur peut vous permettre de vieillir en beauté et en santé!

✔ Mangez à chaque repas une quantité suffisante d'aliments riches en protéines et en fibres alimentaires, soit les deux éléments qui assurent l'équilibre d'un vrai repas.

✔ Entretenez votre microflore intestinale en mangeant régulièrement légumes, fruits, grains et produits céréaliers entiers, noix et légumineuses. Votre santé dépend d'une armée de bonnes bactéries qui se multiplient grâce aux végétaux! Prenez un supplément de probiotiques au besoin.

✔ Cuisinez simplement en jouant avec les couleurs et les assaisonnements. Un filet d'huile d'olive ou de vinaigre balsamique, une branche d'herbes fraîches ou une pincée d'épices transforme viande, volaille, poisson et légumes en un plat savoureux.

✔ Mettez en vedette les bons gras: l'huile d'olive, de canola, de noisette et de sésame, les noix, l'avocat, les poissons gras, le soya. Prenez un supplément de gras oméga-3 au besoin.

✔ Domptez votre dent sucrée avec un sevrage en douceur. Évitez les substituts de sucre et limitez les autres aliments vraiment sucrés. Moins il y a de sucre au menu, mieux se porte notre santé.

✔ Buvez à votre santé... Eau et infusion à volonté! Café et vin avec modération!

✔ Prenez un supplément de multivitamines et minéraux.

À votre santé!

GLOSSAIRE

Accident vasculaire cérébral (AVC) Affection soudaine du cerveau à la suite de l'obstruction ou de la rupture d'un vaisseau sanguin du cerveau.

Amarante Grain entier provenant de l'Amérique du Sud, riche en fibres, en fer et en calcium. Considérée comme une «pseudocéréale», l'amarante ne contient pas de gluten.

Antioxydant Élément naturellement présent dans les végétaux et capable de neutraliser ou de réduire les dommages causés par les radicaux libres (responsables du vieillissement des cellules).

Bulgur (ou boulgour) Blé germé précuit, séché et concassé. On l'utilise pour cuisiner le taboulé ou on le sert à la place du riz.

C. difficile Bactérie appartenant au genre *Clostridium* qui perturbe la microflore intestinale à la suite de l'usage prolongé d'antibiotiques; cause une diarrhée grave et peut mener à la mort.

Côlon irritable Trouble fréquent de l'intestin causant des douleurs abdominales et des ballonnements, accompagnés de constipation ou de diarrhée, ou d'une alternance des deux.

Composés phénoliques (ou polyphénols) Substances présentes dans plusieurs végétaux: grains entiers, légumes, vin, bière, huile d'olive, thé, fruits, chocolat. Ces composés super intéressants favorisent l'intégrité des tissus et la communication entre les cellules.

DHA (acide docosahexaénoïque) Acide gras oméga-3 essentiel au bon fonctionnement du cœur et du cerveau. On le trouve principalement dans les huiles de poisson et dans certaines algues.

Diète méditerranéenne Type d'alimentation riche en légumes, en fruits, en céréales, en poissons et en huile d'olive, mais moins riche en viande et en produits laitiers. Il reflète les habitudes alimentaires traditionnelles des pays entourant la mer Méditerranée.

Edamame Fève de soya verte, cueillie avant maturité, d'origine japonaise. On la consomme dans la gousse ou non, chaude ou froide. Riche en protéines et en isoflavones, elle cuit sans trempage en quelques minutes.

EPA (acide eicosapentaénoïque) Acide gras oméga-3 que l'on trouve dans les poissons gras et dans l'huile de poisson : morue, hareng, huile de krill, maquereau, saumon, sardine.

Épeautre Céréale proche du blé, cultivée depuis des millénaires ; renferme du gluten.

FDA (Food and Drug Administration) Agence américaine chargée, entre autres choses, de protéger la santé de la population en ce qui concerne la sécurité et l'efficacité des médicaments, des produits biologiques, des aliments, des cosmétiques, etc.

Fibres alimentaires Présentes dans les végétaux, elles ne sont pas digérées par les enzymes du tube digestif ni absorbées par le corps, à la différence des autres glucides. Elles stimulent la production des substances anti-inflammatoires fort utiles pour la santé.

Glucides Principales sources d'énergie, les glucides forment l'ensemble des sucres présents dans les aliments. Ils comprennent les sucres (glucides simples), ainsi que l'amidon et les fibres alimentaires (glucides complexes). Les sucres sont absorbés rapidement par le corps, alors que l'amidon est absorbé plus lentement. Les fibres, elles, ne sont ni digérées ni absorbées par le corps.

Glycémie Niveau de sucre (ou glucose) que l'on mesure dans le sang à jeun ou après un repas.

Graine de chanvre Graine que l'on consomme depuis des millénaires ; elle est sans gluten et riche en acides gras essentiels. On la trouve sous diverses formes : entière, farine, huile, bière, limonade, thé.

Graine de chia Aliment de base chez les Aztèques, elle contient des fibres alimentaires, des antioxydants et des gras oméga-3.

Gras saturé Gras provenant de la viande et des produits laitiers, qui a tendance à hausser le cholestérol sanguin.

Hémodialyse Méthode d'épuration du sang lorsque les reins ne fonctionnent plus adéquatement et qu'il y a insuffisance rénale grave.

Hypoglycémie Baisse soudaine du taux de sucre dans le sang, ce qui cause des moments d'intense faiblesse et de fébrilité.

Inflammation silencieuse Réaction cellulaire qui passe inaperçue, semble accélérer le vieillissement et devient complice de maladies chroniques et dégénératives. Phénomène baptisé *inflammaging* par le Dr Claudio Franceschi, réputé chercheur clinicien auprès de personnes âgées en Italie.

Isoflavones Sous-famille des flavonoïdes très étudiée pour ses propriétés pseudo-œstrogéniques ; elles sont présentes dans le soya sous forme d'edamames, de tofu, de fèves soya rôties.

Kamut (ou blé khorasan) Variété de blé très ancienne et riche en fibres que l'on peut consommer à la place du riz ou en farine dans les pains, muffins, crêpes, etc.

Kéfir Boisson issue de la fermentation du lait ou de jus de fruits sucrés, riche en micro-organismes. Considéré comme un probiotique, il agit sur la microflore intestinale.

Kombucha Boisson fermentée, non pasteurisée, à base de thé et d'une culture de micro-organismes qu'on emploie notamment comme probiotique.

Lacto-ovo-végétarien (ou végétarien) Se dit d'un régime alimentaire qui exclut toute chair animale (viande, volaille, poisson), mais qui admet la consommation d'aliments d'origine animale comme les œufs, le lait et les produits laitiers (fromage, yogourt).

Légumineuses Appelées aussi « légumes secs », les légumineuses sont des graines comestibles. Elles regroupent les fèves et haricots secs (haricots blancs, rouges, noirs, romains, pinto, mungo, adzuki, soja), les lentilles (vertes, brunes, noires, rouges) et les pois secs (cassés, entiers, chiches). Sources de protéines végétales et riches en fibres, elles se consomment en soupes, potages, salades et mets mijotés.

Maladie auto-immune Maladie caractérisée par une agression de l'organisme par son propre système immunitaire. Elle s'attaque à un organe particulier ou à l'ensemble de l'organisme.

Maladie cœliaque Maladie auto-immune qui attaque les villosités de l'intestin et qui est causée par une intolérance au gluten contenu dans certaines céréales (blé, orge, seigle).

Maladie inflammatoire Maladie liée à la présence d'une inflammation chronique qui affecte un ou plusieurs organes ou tissus du corps humain : système digestif, système nerveux, épiderme, articulations.

Malnutrition État de déséquilibre alimentaire qui se produit à la suite d'une suralimentation ou d'une sous-alimentation.

Microbiote (ou microflore intestinale) Ensemble de bactéries qui peuplent principalement le côlon et qui agissent comme agents de liaison entre les aliments qui traversent le tube digestif et le monde interne des cellules. Cette armée de bactéries protège la paroi de l'intestin contre le passage de microbes pathogènes.

Miso Condiment de la cuisine asiatique à base de haricots de soja réduits en purée et fermentés auxquels sont parfois ajoutés du riz ou de l'orge et du sel. On l'utilise pour faire des soupes, des sauces, ou à la place du sel.

Oligosaccharides Sucres complexes composés de plusieurs sucres simples et d'amidon.

Oméga-3 Famille d'acides gras polyinsaturés essentiels au maintien de la santé qui a des effets anti-inflammatoires. On en trouve principalement dans les poissons gras, les graines de lin ou de chia.

Polenta Préparation à base de farine de maïs originaire du nord de l'Italie qui constitue un plat traditionnel de la cuisine méditerranéenne.

Polyphénols *Voir* Composés phénoliques

Polysaccharides Sucres complexes composés de plusieurs sucres simples et d'amidon.

Prébiotiques Fibres présentes dans certains végétaux qui favorisent l'action des probiotiques et des bactéries peuplant l'intestin. On en trouve dans les topinambours, l'ail, l'oignon, les asperges, les artichauts, les bananes, le blé, le seigle ou ajoutés à certains suppléments.

Probiotiques Ensemble de bactéries et de levures susceptibles d'exercer un effet bénéfique sur la santé lorsque consommées régulièrement. Ces bactéries prises dans un yogourt, dans un aliment fermenté ou en supplément modulent la microflore intestinale, protègent le système immunitaire et facilitent l'absorption de plusieurs éléments nutritifs.

Protéines de petit-lait (***whey proteins***) Appelées aussi poudre de petit-lait, protéines ou poudre de lactosérum ou lactalbumine et souvent commercialisées sous le nom de *whey,* les protéines de petit-lait sont un supplément protéique vendu en poudre et que l'on utilise pour augmenter son apport de protéines. Riches en leucine, qui est particulièrement utile pour le maintien de la masse musculaire.

Quinoa Considéré comme une «pseudocéréale», le quinoa est riche en fer et autres minéraux. Sans gluten, ses petits grains se cuisent rapidement et se mangent comme du riz (froids en salade ou chauds comme accompagnement). Bien rincer à l'eau froide avant de les faire cuire.

Sarcopénie Perte de la masse et de la force musculaires liée au vieillissement. Une alimentation riche en protéines et l'exercice permettent de ralentir ce processus.

Sorgho Céréale originaire d'Afrique, sans gluten.

Tempeh Produit alimentaire fait de grains de soya cuits, puis fermentés, que l'on façonne en galettes ou en boulettes. On peut le faire mariner et le cuire à la vapeur ou le faire griller. Excellente source de protéines végétales.

Tofu régulier Fromage de soya de texture ferme, fabriqué à partir du lait de soya que l'on coagule avec des sels de calcium ou de magnésium.

Tofu soyeux Fromage de soya de texture soyeuse, fabriqué à partir d'un lait de soya épais auquel on ajoute de la lactone en plus d'un coagulant.

Troubles cognitifs Ensemble de symptômes comprenant des troubles de la mémoire, de la perception, un ralentissement de la pensée et des difficultés à résoudre des problèmes.

Troubles hépatiques Problèmes de santé qui touchent le foie et la vésicule biliaire.

Troubles (ou désordres) métaboliques Problèmes souvent reliés à un excès de poids et à un surplus de graisse autour de la taille. Les plus connus sont l'hypertension et le diabète, deux maladies sournoises mais graves.

Tzatziki Condiment d'origine grecque ou turque préparé avec du yogourt épais, du concombre, de l'oignon, de l'ail, de l'huile d'olive et des herbes.

Végétalien Se dit d'un régime alimentaire qui exclut tout aliment d'origine animale (viande, volaille, poisson, œuf, lait et produits laitiers, miel), y compris la gélatine.

Yogourt grec Yogourt égoutté de consistance ferme et crémeuse renfermant beaucoup plus de protéines qu'un yogourt ordinaire.

BIBLIOGRAPHIE

CHAPITRE 1. Pourquoi manger un peu différemment à partir de 65 ans

APPEL, L. J., et L. VAN HORN, «Did the PREDIMED trial test a Mediterranean diet?», *The New England Journal of Medicine*, 2013, p. 1353-1354. doi: 10.1056/NEJMe1301582.

CASAS, R., et coll., «The immune protective effect of the Mediterranean diet against low-grade inflammatory diseases», *Endocrine Metabolic & Immune Disorders - Drug Targets*, vol. 14, n° 4, 2014, p. 245-254.

CAVA, E., et coll., «Will calorie restriction work in humans?», *Aging*, vol. 5, n° 7, 2013, p. 507-514.

ESTRUCH, R., et coll., «Primary prevention of cardiovascular disease with a Mediterranean diet», *The New England Journal of Medicine*, 2013. doi: 10.1056/NEJMoa1200303.

FAIRWHEATER-TAIT, S. J., et coll., «Iron status in the elderly», *Mechanisms of Ageing and Development*, vol. 136-137, 2014, p. 22-28.

INSTITUT NATIONAL DE SANTÉ PUBLIQUE DU QUÉBEC, *Habitudes de vie, poids corporel et participation sociale chez les aînés du Québec. Vieillissement et santé*, INSPQ, octobre 2013.

LORGERIL, M. de, «Mediterranean diet and cardiovascular disease: historical perspective and latest evidence», *Current Atherosclerosis Reports*, vol. 15, n° 12, 2013, p. 370-374.

MAXMEN, A., «Calorie restriction falters in the long run», *Nature*, vol. 488, 2012, p. 569.

MENG, X., et coll., «Successful aging in Canada: prevalence and predictors from a population-based sample of older adults», *Gerontology*, vol. 60, n° 1, 2014, p. 65-72.

MOCCHEGIANI, E., et coll., «Micronutrient-gene interactions related to in-flammatory/immune response and antioxidant activity in ageing and inflammation: a systematic review», *Mechanisms of Ageing and Development*, vol. 136-137, 2014, p. 29-49.

OSTAN, R., et coll., «Inflammaging and cancer: a challenge for the Mediterranean diet», *Nutrients*, vol. 7, 2015, p. 2589-2621. ISSN 2071-6643.

RAMAGE-MORIN, P., et D. GARRIGUET, «Risque nutritionnel chez les Canadiens âgés», Travaux de recherche, Statistique Canada, nº 82-003-X au catalogue, *Rapports sur la santé*, vol. 24, nº 3, 2013, p. 3-14.

SANTORO, A., et coll., «Combating inflammaging through a Mediterranean whole diet approach: the NU-AGE project's conceptual framework and design», *Mechanisms of Aging and Development*, vol. 136-137, 2014, p. 3-13.

SOLFRIZZI, V., et coll., «Diet and Alzheimer's disease risk factors or pre-vention: the current evidence», *Expert Review of Neurotherapeutics*, vol. 11, nº 5, mai 2011, p. 677-708.

SPEAKMAN, J. R., et coll., «Caloric restriction», *Molecular Aspects of Me-dicine*, vol. 32, 2011, p. 159-221.

TRICHOPOULOU, A., et coll., «Definitions and potential health benefits of the Mediterranean diet: views from experts around the world», *BMC Medicine*, vol. 12, 2014, p. 1-15.

WILLCOX, D. C., et coll., «Healthy aging diets other than the Mediter-ranean: a focus on the Okinawan diet», *Mechanisms of Ageing and Development*, vol. 136-137, 2014, p. 148-162.

WILLCOX, D. C., et coll., «The Okinawan diet: health implications of a low-calorie, nutrient-dense, antioxidant-rich dietary pattern low in glycemic index», *Journal of the American College of Nutrition*, vol. 28, 2014, p. 500S-516S.

CHAPITRE 2. La question du poids après 65 ans

ALIBHAI, S. M. H., et coll., « An approach to the management of unintentional weight loss in elderly people », *Canadian Medical Association Journal*, vol. 172, n° 6, 2005, p. 773-780.

HAN, T. S., et coll., « Obesity and weight management in the elderly », *British Medical Bulletin*, vol. 97, 2011, p. 169-196.

MARTONE, A. M., et coll., « Anorexia of aging: a modifiable risk factor for frailty », *Nutrients*, vol. 14, n° 10, 2013, p. 4126-4133.

POGGIOGALLE, E., et coll., « Treatment of body composition changes in obese and overweight older adults: insight into the phenotype of sarcopenic obesity », *Endocrine*, vol. 47, n° 3, 2014, p. 699-716. doi: 10.1007/s12020-014-0315-x.

CHAPITRE 3. L'importance des protéines

BAUER, J., et coll., « Evidence-based recommendations for optimal dietary protein intake in older people: a position paper from the PROT-AGE study group », *Journal of the American Medical Directors Association*, vol. 14, n° 8, 2013, p. 542-559.

BEASLEY, J. M., J. M. SHIKANY et C. A. THOMSON, « The role of dietary protein intake in the prevention of sarcopenia of aging », *Nutrition in Clinical Practice*, vol. 28, n° 6, 2013, p. 684-690.

DALY, R. M., et coll., « Protein-enriched diet, with the use of lean red meat, combined with progressive resistance training enhances lean tissue mass and muscle strength and reduces circulating IL-6 concentrations in elderly women: cluster of randomized controlled trial », *American Journal of Clinical Nutrition*, vol. 99, n° 4, 2014, p. 899-910.

DEUTZ, N. E. P., et coll., « Protein intake and exercise for optimal muscle function and aging: recommendations from the ESPEN expert group », *Clinical Nutrition*, vol. 33, n° 6, 2014, p. 929-936. doi: 10.1016/j.clnu.2014.04.007.

GEIRSDOTTIR, O. G., et coll., « Dietary protein intake is associated with lean body mass in community-dwelling older adult », *Nutrition Research*, vol. 33, n° 8, p. 608-612.

GRAY-DONALD, K., et coll., «Protein intake protects against weight loss in healthy community-dwelling older adults», *Journal of Nutrition*, vol. 144, 2014, p. 321-326.

KOOPMAN, R., et coll., «Dietary protein digestion and absorption rates and the subsequent postprandial muscle protein synthetic response do not differ between young and elderly men», *Journal of Nutrition*, vol. 139, n° 9, 2009, p. 1707-1713. doi: 10.3945/jn.109.109173.

PADDON-JONES, D., et coll., «Role of dietary protein in the sarcopenia of aging», *American Journal of Clinical Nutrition*, vol. 87, 2008, p. 1562S-1566S.

PEDERSEN, A. N., et C. CEDERHOLM, «Health effects of protein intake in healthy elderly populations: a systematic literature review», *Food and Nutrition Research*, vol. 58, 2014. doi: 10.3402/fnr.v58.23364.

RAHI, B., et coll., «Energy and protein intakes and their association with a decline in functional capacity among diabetic older adults from the NuAge cohort», *European Journal of Nutrition*, juillet 2015. doi: 10.1007/s00394-015-0991-1.

ROBINSON, S., et coll., «Nutrition and sarcopenia: a review of the evidence and implications for preventive strategies» *Journal of Aging Research*, vol. 2012, 2012. doi: 10.1155/2012/510801.

TIELAND, M., et coll., «Protein supplementation increases muscle mass gain during prolonged resistance-type exercise training in frail elderly people: a randomized, double-blind, placebo-controlled trial», *Journal of the American Directors Association*, vol. 13, n° 8, 2012, p. 713-719. doi: 10.1016/j.jamda.2012.05.020.

CHAPITRE 4. La santé passe par le côlon

BJÖRKLUND, M., et coll., «Gut microbiota of healthy elderly NSAID users is selectively modified with the administration of Lactobacillus acidophilus NCFM and lactitol», *Age* (Pays-Bas), vol. 34, n° 4, 2012, p. 987-999.

CARACCIOLO, B., et coll., «Cognitive decline, dietary factors and gut-brain interactions», *Mechanisms of Ageing and Development*, vol. 136-137, 2014, p. 59-69.

CANDELA, M., et coll., «Maintenance of a healthy trajectory of the intestinal microbiome during aging: a dietary approach», *Mechanisms of Aging and Development*, vol. 136-137, 2014, p. 69-75.

CHASSAING, B., et coll., «Dietary emulsifiers impact the mouse gut microbiota promoting colitis and metabolic syndrome», *Nature*, 2015. doi: 10.1038/nature14232.

CLAESSON, M. J., et coll., «Gut microbiota composition correlates with diet and health in the elderly», *Nature*, vol. 488, 2012, p. 178-184.

DAVID, L. A., et coll., «Diet rapidly and reproducibly alters the human gut microbiome», *Nature*, vol. 505, 2014, p. 559-563.

JEFFERY, I. B., et coll., «Composition and temporal stability of the gut microbiota in older persons», *The ISME Journal, Multidisciplinary Journal of Microbial Ecology*, 2015. doi: 1038/ismej.2015.88.

CHAPITRE 5. Le pouvoir des fibres alimentaires

CHO, S. S., et coll., «Consumption of cereal fiber, mixtures of whole grains and bran, and whole grains and risk reduction in type 2 diabetes, obesity and cardiovascular disease», *American Journal of Clinical Nutrition*, vol. 98, n° 2, 2013, p. 594-619.

KEIM, N. L., et coll., «Dietary whole grain-microbiote interactions: insights into mechanisms for human health», *Advances in Nutrition*, vol. 5, 2015, p. 556-557.

KNUDSEN, K. E. B., «Microbial degradation of whole-grain complex carbohydrates and impact on short-chain fatty acids and health», *Advances in Nutrition*, vol. 6, 2015, p. 206-213.

MARTINEZ, I., et coll., «Gut microbiome in linked to whole grain-induced immunological improvements», *The ISME Journal, Multidisciplinary Journal of Microbial Ecology*, vol. 7, n° 2, 2013, p. 269-280.

WALTER, J., et coll., «Holobiont nutrition: considering the role of the gastrointestinal microbiota in the health benefits of whole grains», *Gut Microbes*, vol. 4, n° 4, 2013, p. 340-346.

CHAPITRE 7. Bien manger sans cuisiner (ou presque!)

Bes-Ratrollo, M., et coll., «Nut consumption and weight gain in a Mediterranean cohort: the SUN study», *Obesity* (Silver Spring), vol. 15, n° 1, 2007, p. 107-116.

Martinez-Gonzalez, M. A., et coll., «Nut consumption, weight gain and obesity: epidemiological evidence», *Nutrition Metabolic and Cardiovascular Diseases,* vol. 21, 2011, suppl. 1, p. S40-S45.

Ros, E., «Health Benefits of nut consumption», *Nutrients,* vol. 2, n° 7, 2010, p. 652-682. doi: 10.3390/nu2070652.

CHAPITRE 8. Le rôle du sel dans l'alimentation

Caldwell, K. L., et coll., «Urinary iodine concentration: United States National Health and Nutrition Examination Survey 2001-2002», *Thyroid,* vol. 15, n° 7, 2005, p. 692-699.

Kotchen, T. A., et coll., «Salt in health and disease — a delicate balance», *The New England Journal of Medicine,* vol. 368, 2013, p. 1229-1237.

McCarron, D. A., «What determines human sodium intake: policy or physiology?», *Advances in Nutrition,* vol. 5, 2014, p. 578-584.

Mente, A., et coll., «Association of urinary sodium and potassium excretion with blood pressure», *The New England Journal of Medicine,* vol. 371, 2014, p. 601-611.

O'Donnell, M., et coll., «Urinary sodium and potassium excretion, mortality and cardiovascular events», *The New England Journal of Medicine,* vol. 371, 2014, p. 612-623.

Oparil, S., «Low sodium intake — cardiovascular health benefit or risk?», *The New England Journal of Medicine,* vol. 371, n° 7, 2014, p. 677-679.

Santé Canada, *Stratégie de réduction du sodium pour le Canada. Recommandations du Groupe de travail sur le sodium,* 2010. N° de cat.: H164-121/2010F.

CHAPITRE 9. Encourager les bons gras, éloigner les mauvais

BLEKKENHORST, L. C., et coll., «Dietary saturated fat intake and atherosclerotic vascular disease mortality in elderly women: a prospective cohort study», *American Journal of Clinical Nutrition*, vol. 101, n° 6, 2015, p. 1263-1268.

ELLULU, M. S., et coll., «Role of fish oil in human health and possible mechanims to reduce the inflammation», *Inflammopharmacology*, vol. 23, n°s 2-3, 2015, p. 79-89. doi: 10.1007/s10787-015-0228-1.

ESTADELLA, D., et coll., «Effects of dietary saturated and transfatty acids», *Mediators Inflammation*, vol. 2013, 2013. doi: 10.1155/2013/137579.

GROSSO, G., et coll., «Role of omega-3 fatty acids in the treatment of depressive disorders: a comprehensive meta-analysis of randomized clinical trials», *PLoS ONE*, vol. 7, n° 5, e96905, 2014. doi: 10.1371/journal.pone.0096905.

KRIS-ETHERTON, P. M., et coll., «Emerging nutrition science on fatty acids and cardiovascular disease: nutritionists' perspectives», *Advances in Nutrition*, vol. 6, n° 3, 2015, p. 326S-337S.

MARTÍNEZ-LAPISCINA, E. H., et coll., «Mediterranean diet improves cognition: the PREDIMED-NAVARRA randomised trial», *Journal of Neurology, Neurosurgery & Psychiatry*, vol. 84, n° 12, 2013, p. 1318-1325. doi: 10.1136/jnnp-2012-304792.

PUASCHITZ, N. G., et coll., «Dietary intake of saturated fat is not associated with risk of coronary events or mortality in patients with established coronary artery disease», *Journal of Nutrition*, vol. 145, n° 2, 2015, p. 299-305.

SCHWINGSHACKL, L., et coll., «Monounsaturated fatty acids, olive oil and health status: a systematic review and meta-analysis of cohort studies», *Lipids in Health and Disease*, vol. 13, 2014. doi: 10.1186/1476-511X-13-154.

VIRTANEN, J. K., et coll., «Circulating omega-3 polyunsaturated fatty acids and subclinical brain abnormalities on MRI in older adults: the cardiovascular health study», *Journal of the American Heart Association*, 2013. doi: 10.1161/JAHA.113.000305.

CHAPITRE 10. Le dossier complexe du sucre

ERIKSON, J., et J. SLAVIN, «Total, added, and free sugars: are restrictive guidelines science-based or achievable?», *Nutrients*, vol. 7, 2015, p. 2866-2878. doi: 10.3390/nu/7042866.

FEEHLEY, T., et coll., «The weighty cost of non-caloric sweeteners», *Nature*, vol. 514, 2014, p. 176-177.

LANGLOIS, K., et D. GARRIGUET, «Consommation de sucre chez les Canadiens de tous les âges», Statistique Canada, n° 82-003-XPF au catalogue, *Rapports sur la santé*, vol. 22, n° 3, 2011.

ORGANISATION MONDIALE DE LA SANTÉ, *L'OMS appelle les pays à réduire l'apport en sucres chez l'adulte et l'enfant*, Genève, OMS, mars 2015.

SUEZ, J., et coll., «Artificial sweeteners induce glucose intolerance by altering the gut microbiota», *Nature*, vol. 514, 2014, p. 181-186.

YANG, Q., et coll., «Added sugar intake and cardiovascular diseases mortality among US adults», *JAMA Internal Medicine*, vol. 174, n° 4, 2014, p. 516-524. doi: 10.1001/jamainternmed.2013.13563.

CHAPITRE 11. L'eau, source de vie

ARRANZ, S., et coll., «Wine, beer, alcohol and polyphenols on cardiovascular disease and cancer», *Nutrients*, vol. 4, n° 7, 2012, p. 759-781.

DAVIDHIZAR, R., et coll., «A review of the literature on how important water is to the world's elderly population», *International Nursing Review*, vol. 51, 2004, p. 159-166.

DING, M., et coll., «Long term coffee consumption and risk of cardiovascular disease: a systematic review and dose response meta-analysis of prospective cohort studies», *Circulation*, vol. 129, n° 6, 2014, p. 643-659.

DUNCAN, M. J., et coll., «The effect of caffeine ingestion on functional performance in older adults», *The Journal of Nutrition, Health and Aging*, vol. 18, n° 10, 2014, p. 883-887.

EDUC'ALCOOL, *L'alcool et les aînés*, 2006. [educalcool.qc.ca/alcool-et-sante].

GAUR, S., et R. AGNIHOTRI, «Green tea: a novel functional food for the oral health of older adults», *Geriatrics & Gerontology International,* vol. 14, n° 2, 2104, p. 238-250.

KAZUKI, I., et coll., «Green tea consumption affects cognitive dysfunction in the elderly: a pilot study», *Nutrients,* vol. 6, 2014, p. 4032-4042.

MEZZANO, D., et coll., «Complementary effects of Mediterranean diet and moderate red wine intake on homeostatic cardiovascular risk factors», *European Journal of Clinical Nutrition,* vol. 55, n° 6, 2001, p. 444-451.

PÉREZ, M., et coll., «[Benefits of moderate beer consumption at different stages of life of women]», *Nutricíon Hospitalaria,* vol. 18, n° 32, 2015, suppl. 1, p. 32-34.

PERISSINOTTO, E., et coll., «Alcohol consumption and cardiovascular risk factors in older lifelong wine drinkers: Italian longitudinal study on aging», *Nutrition, Metabolism and Cardiovascular Diseases,* vol. 20, n° 9, 2010, p. 647-655.

POWELL, J., «Effect of beer drinking on ultrasound bone mass in women», *Nutrition,* vol. 25, 2009, p. 1057-1063.

SZABÓ, S., et coll., «Analysis of total polyphenol contents and colour of brewed beer samples», *Analele Universității din Oradea, Fascicula: Ecotoxicologie, Zootehnie şi Tehnologii de Industrie Alimentară,* vol. 12/B, 2013, p. 373-377.

VERCAMBRE, M. N., et coll., «Caffeine and cognitive decline in elderly women at high vascular risk», *Journal of Alzheimer's Disease,* vol. 35, n° 2, 2013, p. 413-421.

CHAPITRE 12. Le rôle des suppléments de vitamines

ALIANI, M., et coll., «Zinc deficiency and taste perception in the elderly», *Critical Reviews in Food Science and Nutrition,* vol. 53, n° 3, 2013, p. 245-250.

ASPRAY, T. J., «Fragility fracture: recent developments in risk assessment», *Therapeutic Advances in Musculoskeletal Diseases,* vol. 7, n° 1, 2015, p. 17-25.

BAUER, D. C., «Calcium supplements and fracture prevention», *The New England Journal of Medicine,* vol. 369, 2013, p. 1537-1543.

BERGERON, L., et F. POULIOT, «La carence en vitamine B_{12} sous-estimée et sous-diagnostiquée», *Le Médecin du Québec,* vol. 46, n° 2, 2011, p. 79-84.

CEDERHOLM, T., et coll., «Sarcopenia and fragility fractures», *European Journal of Physical Rehabilitation Medicine,* vol. 49, n° 1, 2013, p. 111-117.

CHRISTEN, W. G., et coll., «Effects of multivitamin supplement on cataract and age related macular degeneration in randomized trial of male physicians», *Ophthalmology,* vol. 121, n° 2, 2014, p. 525-534.

DAWSON-HUGHES, B., «Interaction of dietary calcium and protein in bone health in humans», *Journal of Nutrition,* vol. 133, 2003, p. 852S-854S.

FREI, B., et coll., «Enough is enough», *Annals of Internal Medicine,* vol. 160, n° 11, 2014, p. 807.

GALLAGHER, J. C., et coll., «Incidence of hypercalciuria and hypercalcemia during vitamin D and calcium supplementation in older women», *Menopause,* vol. 21, n° 11, 2014, p. 1173-1180.

GRODSTEIN, F., et coll., «Long-term multivitamin supplementation and cognitive function in men : a randomized trial», *Annals of Internal Medicine,* vol. 159, n° 12, 2013, p. 806-814.

GUALLAR, E., et coll., «Enough is enough : stop wasting money on vitamin and mineral supplements», *Annals of Internal Medicine,* vol. 159, n° 12, 2013, p. 850-851.

HAMIDI, M. S., O. GAJIC-VELJANOSKI et A. M. CHEUNG, «Vitamin K and bone health», *Journal of Clinical Densitometry,* vol. 16, n° 4, 2013, p. 409-413.

HEANEY, R. P., et coll., «A review of calcium supplements and cardiovascular risk», *Advances in Nutrition,* vol. 3, 2012, p. 763-771.

KIM, H. J., et coll., «Longitudinal and secular trends in dietary supplement use : Nurses' Health Study and Health Professionals Follow-Up Study, 1986-2006», *Journal of the Academy of Nutrition and Dietetics,* vol. 114, n° 3, 2014, p. 436-443. doi : 10.1016/j.jand.2013.07.039.

LEWIS, J. R., et coll., «The effects of 3 years of calcium supplementation on common carotid artery intimal medial thickness and carotid atherosclerosis in older women: an ancillary study of the CAIFOS randomized controlled trial», *Journal of Bone and Mineral Research*, vol. 29, n° 4, 2014, p. 534-541.

LEWIS, J. R., et coll., «The effects of calcium supplementation on verified coronary heart disease hospitalization and death in postmenopausal women: a collaborative meta-analysis of randomized controlled trials», *Journal of Bone and Mineral Research*, vol. 30, n° 1, 2015, p. 165-175.

McKAY, D. L., et coll., «Multivitamin Mineral supplementation improves plasma B-vitamin status and homocysteine concentration in healthy older adults consuming a folate-fortified diet», *Journal of Nutrition*, vol. 130, 2000, p. 3090-3096.

SEBASTIAN, R., et coll., «Older adults who use vitamin-mineral supplements differ from nonusers in nutrition adequacy and dietary attitudes», *Journal of the American Dietetic Association*, vol. 107, n° 8, 2007, p. 1322-1332.

SHEA, M. K., et coll., «Vitamin K supplementation and progression of coronary artery calcium in older men and women», *American Journal of Clinical Nutrition*, vol. 89, n° 6, 2009, p. 1799-1807.

SKERRET, P. J., «Vitamin B12 deficiency can be sneaky, harmful», *Harvard Health*, 10 janvier 2013.

TOFFANELLO, E. D., et coll., «Ten-year trends in vitamin intake in free-living healthy elderly people: the risk of subclinical malnutrition», *Journal of Nutrition, Health and Aging*, vol. 15, n° 2, p. 99-103.

REMERCIEMENTS

La chance nous a souri!

Aux Éditions de l'Homme, Pierre Bourdon, emballé par notre projet, nous a promis un beau livre avec de jolies photos, une première pour un ouvrage de Louise Lambert-Lagacé. Nous voilà bien parties!

Dans le monde québécois de la nutrition, Guylaine Ferland a lancé la réflexion et les recherches sur l'alimentation et le vieillissement. Nous lui disons merci.

Gisèle Jolicoeur, étudiante en nutrition à l'Université de Montréal, a ratissé la littérature scientifique pendant plusieurs mois et nous a fourni une foule d'informations pertinentes.

Gilles Chatel, un bon ami, Jacqueline, la maman de Josée, et ma fille Pascale ont parcouru une première version du livre. Leurs commentaires nous ont permis de clarifier plusieurs éléments du texte.

Liette Mercier, notre éditrice, nous a guidées avec doigté sur la juste voie pour la mise en forme du manuscrit.

La maquettiste, Christine Hébert, la réviseure, Jocelyne Dorion et la correctrice, Odile Dallaserra, ont apporté un grand soin à ce livre.

Chez Tango, sous l'œil attentif de Diane Denoncourt, Michael Linnington, cuisinier et styliste culinaire, et Claude Clément, photographe, ont donné de l'éclat à nos plats et menus. Le photographe Claude Morin nous a croquées sur le vif à la cuisine.

À toutes ces personnes qui ont travaillé à la fabrication de ce beau livre, nous exprimons notre plus vive gratitude.

TABLE DES MATIÈRES

Suivez-nous sur le Web

Consultez nos sites Internet et inscrivez-vous à l'infolettre pour rester informé
en tout temps de nos publications et de nos concours en ligne. Et croisez aussi
vos auteurs préférés et notre équipe sur nos blogues!

EDITIONS-HOMME.COM
EDITIONS-JOUR.COM
EDITIONS-PETITHOMME.COM
EDITIONS-LAGRIFFE.COM

Cet ouvrage a été achevé d'imprimer sur les presses de
Imprimerie Transcontinental, Beauceville, Canada